나만 힘든 것 같은 당신에게
## 괜찮지 않아도 괜찮아

## 괜찮지 않아도 괜찮아

| | |
|---|---|
| **초판 인쇄** | 2025년 12월 5일 |
| **초판 발행** | 2025년 12월 31일 |
| **지은이** | 김재광 |
| **발행인** | 조현수 |
| **펴낸곳** | 도서출판 더로드 |
| **기획** | 조영재 |
| **마케팅** | 최문섭 |
| **편집** | 문영윤 |
| **본사** | 경기도 파주시 광인사길 68, 201-4호(문발동) |
| **물류센터** | 경기도 파주시 산남동 693-1 |
| **전화** | 031-942-5366 |
| **팩스** | 031-942-5368 |
| **이메일** | provence70@naver.com |
| **등록번호** | 제2015-000135호 |
| **등록** | 2015년 6월 18일 |

정가 18,500원
ISBN 979-11-6338-499-1 (13190)

파본은 구입처나 본사에서 교환해드립니다.

# 괜찮지 않아도 괜찮아

나만
힘든 것 같은
당신에게

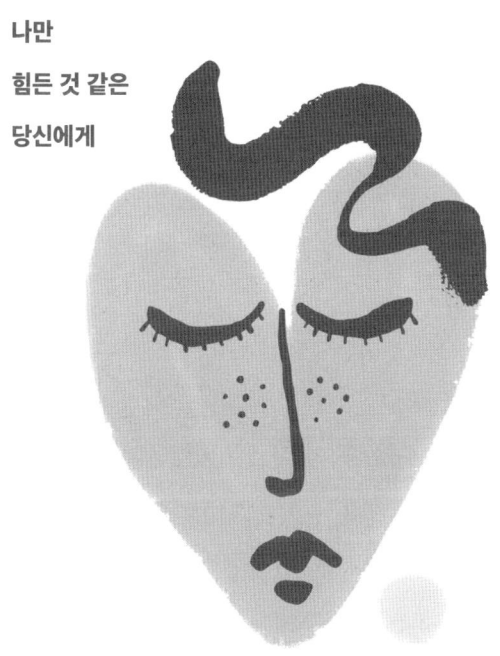

김재광 지음

## 프롤로그

## 나만 힘든 것 같은 순간에

사람들은 다 괜찮아 보인다.

지하철에서 마주친 직장인은 바쁜 걸음에도 단정한 셔츠를 입고, 카페 창가에 앉은 대학생은 웃으며 과제를 하고 있다. SNS 속 친구들은 맛집을 전전하며 빛나는 하루를 기록한다. 다들 제자리에서 흔들림 없이 살아가는 것 같은데, 이상하게도 나만 자꾸 힘에 부친다.

나는 왜 이렇게 쉽게 지칠까.

작은 실패에도 크게 흔들리고, 이유 없이 우울해지며, 밤마다 잠들기 전엔 내일을 버틸 자신이 없어 눈을 감기가 두렵다. 그런데 이런 마음을 꺼내놓으면 돌아오는 말은 늘 같다. "다들 힘들어. 괜찮아." 하지만 그 말은 이상하게 더 큰 무게가 되어 가슴에 내려앉는다. 다들 힘든데 나만 못 버티는 것 같아서.

사실 '괜찮아 보이는 모습'은 그저 겉모습일 뿐이다.
행복해 보이는 미소 뒤에도 사라지지 않는 불안이 있고, 빛나는 성공담 뒤에는 눈물로 버틴 밤들이 숨어 있다. 누군가는 웃으며 인사를 건네지만, 집에 돌아와 이불을 덮고 울기도 한다. 우리 모두의 삶에는 그림자가 있고, 괜찮지 않은 순간이 당연히 스며들어 있다.

그러나 우리는 자꾸 자신을 오해한다.
다른 사람들은 다 잘하고 있는데, 나만 이렇게 무너지고 있는 것 같다고. 아침에 눈뜨는 게 두렵고, 회의 자리에서 내 목소리가 사라지고, 친구의 소식이 오히려 나를 작아지게 만들 때, 그 순간은 '나만 뒤처진 것 같다'는 착각으로 이어진다. 하지만 진실은 정반대다.

괜찮지 않은 건 나만이 아니라 우리 모두라는 것.

 살아 있다는 건 불안을 안고 걷는 일이다.
 관계를 맺는다는 건 상처를 감수하는 일이고, 꿈을 좇는다는 건 수없이 좌절하는 순간을 견뎌내는 일이다. 괜찮지 않은 순간이야말로 우리를 살아 있게 하는 증거다. 그래서 불안은 실패가 아니라 신호다. 외로움은 결핍이 아니라 내 마음이 나를 불러내는 목소다.

 이 책은 그런 신호들을 함께 바라보려는 시도다.
 외로움, 불안, 비교, 실패… 우리가 모두 경험하는 그 감정들을 솔직히 꺼내놓고 싶었다. 그것이 잘못된 게 아니라는 것을, 그 감정이 오히려 나를 더 깊이 이해하게 만드는 열쇠라는 것을 보여주고 싶었다.
 이 책은 거창한 이론서도, 화려한 성공담도 아니다.

그저 친구가 밤 늦게 "나 요즘 너무 힘들어."라고 말했을 때, 옆에 앉아 조용히 들어주고 건네는 말 같은 기록이다. "나도 그래. 괜찮지 않아도 괜찮아."라는 말, 그 단순하고 따뜻한 위로를 당신에게 건네고 싶다.

책을 덮는 순간, 당신이 이렇게 속삭일 수 있기를 바란다.
"괜찮지 않은 나, 그래도 괜찮다. 나는 지금 이대로 충분하다."

혁신의 아이콘이자, 슈퍼아이콘을 만드는 멘토.

## 지은이 김재광(金在光)
### 혁신의 아이콘이자, 슈퍼아이콘을 만드는 멘토

포스텍(POSTECH) 컴퓨터공학과를 졸업한 뒤, 20대에 직접 스타트업을 창업하며 앙트러프러너의 길을 걸었다. 젊은 시절의 시행착오와 좌절을 딛고, 그는 성공과 행복, 그리고 가치 있는 일에 대한 해답을 찾기 위해 지난 30여 년 동안 인생·사업·교육의 현장에서 치열하게 몰입해왔다.

그 여정 속에서 세계 최초로 독창적인 이론적 체계를 하나씩 정립해 나갔다.

먼저 2013년 출간한 《온라인 교육, 세상을 바꾸다》에서는 자신이 직접 겪은 경험을 바탕으로 전 세계 온라인 교육의 흐름을 정리하고, 그 안에 담긴 미래의 가능성과 사회적 영향력을 날카롭게 통찰했다.

이듬해인 2014년에는 《더 로(The Law): 인간관계를 지배하는 다섯 가지 절대 법칙》을 통해 인간관계의 본질이 '자연법칙'과 일맥상통한다는 새로운 관점을 제시하며, 기존의 인간관계 및 리더십 이론을 근본부터 재정의했다.

이어 《슈퍼자기경영》 시리즈에서는 세계적인 인물로 성장하기 위한 인생 경영의 핵심 원칙들을 정리했고, 《슈퍼사업경영》 이론을 통해 세계적인 기업을 만들기 위한 비즈니스 경영 전략을 체계화했다. 나아가 두 이론을 하나로 통합하여, 인생과 비즈니스를 동시에 성장시키는 통합 경영 모델을 제시했다.

아울러 이러한 '슈퍼자기경영', '슈퍼사업경영', '인간관계론' 세 가지 축을 기반으로, 혁신적인 경영교육 모델인 《Super Mini MBA》 이론을 정립함으로써, 누구나 현실 속에서 자기 자신과 조직을 변화시킬 수 있는 실용적 경영철학을 완성해냈다.

한편으로는 CEO, 교수, 작가, 기자, 컨설턴트, 개발자 등 다양한 역할을 수행하며 수천 권의 독서를 기반으로 깊이 있는 통찰을 축적했고, 멜버른대학교 MBA 및 국내외 전문 교육과정을 통해 경영과 교육의 실천적 지식을 넓혀왔다.

또한, 서울과 지방을 오가며 북콘서트와 북페스티벌, 슈퍼자기경영 강연회 등 다양한 교육문화 행사를 열고, 수많은 사람들과 소통하며 혁신의 메시지를 전해왔다.

이러한 노력은 '슈퍼아이콘(SuperIcon)'이라는 브랜드로 열매를 맺고 있다.

현재는 '슈퍼자기경영', '슈퍼사업경영' 이론을 기반으로, AI 시대를 리드하는 세계적인 인물과 기업을 육성하는 다양한 교육 플랫폼과 프로그

램을 개발·운영하며, 대한민국과 세계의 더 나은 미래를 준비하는 일에 힘을 보태고 있다.

### 대표 저서

《슈퍼아이콘》, 《AI 시대를 위한 슈퍼아이콘 교육 혁명》, 《6분에 1권, 슈퍼아이콘 독서법》, 《1주일에 한 권, 슈퍼아이콘 책쓰기법》, 《슈퍼자기경영》, 《성공만큼 쉬운 것도 없다》, 《더 로(The Law)》, 《Super Mini MBA》 외 다수

### 대표 온라인 클래스

- '세계 유일' AI 시대에 슈퍼자기경영 MBA로 위대한 상위 0.1% 스타가 되는 법
- '국내 유일' 유학 가지 않고도 글로벌 명문 고교 및 대학 정규학위를 취득해 No.1 독보적 전문가 되는 법
- '국내 유일' 단 하루 만에 끝내는 Super Mini MBA로 연 수입 10배 올리는 법
- AI 시대에 생존하고 번영하며 부자가 되는 법(ChatGPT 활용법) 외 다수

### 대표 앨범

《꿈》, 《운명》, 《슈퍼아이콘 Forever》, 《러브 포에버》, 《유토피아》, 《위

대한 나》 외 다수

### 대표 플랫폼

- www.supericon.net (교육 플랫폼)
- www.supericon.ai (GPTs 플랫폼)
- www.supericontimes.com (슈퍼아이콘 타임즈)

### 대표 행사

- 김재광의 북콘서트
- 성공 북 페스티벌
- 슈퍼자기경영 강연회

### 슈퍼아이콘 실천 프로그램

- 슈퍼아이콘 AI 경영 리더십(스타터, 성장, 최고위) 과정
- 슈퍼아이콘 AI 리더십 페스티벌
- 슈퍼아이콘 AI 혁신리더 대상
- 슈퍼아이콘 총동문회

### 수상

'대한민국 교육산업대상', '대한민국 기업대상', '국회 교육위원장상', '한국을 이끄는 혁신 리더 대상', '대한민국 미래경영 대상' 등

## 차례

프롤로그　나만 힘든 것 같은 순간에 · 4

## 제1부
## 모두 괜찮아 보이는데, 왜 나만 힘들까?

### 제1장_ 괜찮지 않은 게 당연하다
행복해 보이는 건 착각일 뿐 · 20
불안은 살아 있다는 증거 · 23
내 마음이 보내는 SOS · 26

### 제2장_ SNS 속 그림자
타인의 하이라이트와 나의 비하인드 · 32
'좋아요' 숫자에 휘둘리는 마음 · 35
온라인의 환상, 오프라인의 현실 · 38

### 제3장_ 외로움의 정체
사람들 사이에 있어도 외로운 이유 · 44
관계의 소음 속에서 내 목소리 잃기 · 47
외로움과 친해지는 법 · 50

## 제2부
## 비교가 나를 무너뜨릴 때

### 제4장_ 언제나 나보다 잘 나가는 사람
비교의 시작, 끝없는 불행 · 58
친구의 성공이 내 실패로 보일 때 · 61
행복의 기준은 원래 상대적일까? · 66

### 제5장_ 비교하지 않고 사는 연습
나만의 속도를 인정하기 · 72
작은 성취 기록하기 · 75
비교 대신 배움으로 전환하기 · 78

### 제6장_ 멈춤의 용기
모두가 달릴 때 잠시 멈추는 선택 · 84
쉼은 게으름이 아니라 충전 · 87
멈춤이 가져다주는 새로운 시선 · 90

# 제3부
# 관계가 버거워질 때

### 제7장_ 가까운 사람일수록 더 힘들다
가족, 연인, 친구에게 받는 상처 • 98
기대가 클수록 더 크게 다가오는 실망 • 101
사랑과 집착의 경계 • 104

### 제8장_ 나를 지키는 거리 두기
모든 관계에 전력을 다할 필요는 없다 • 110
친밀함에도 적정 거리가 필요하다 • 113
거리를 두는 게 이별은 아니다 • 116

### 제9장_ 떠나는 사람을 붙잡지 않아도 된다
관계는 흘러가는 강물 같다 • 122
붙잡음보다 놓아줌이 더 큰 용기일 때 • 125
끝은 새로운 시작의 다른 이름 • 128

# 제4부
# 실패가 나를 삼키려 할 때

### 제10장_ 다 안 될 때가 있다
시험, 취업, 연애, 다 틀어지는 날들 · 136
실패가 '내 인생의 낙인'처럼 느껴질 때 · 139
아무 일도 못 하는 나를 용서하기 · 142

### 제11장_ 실패가 알려주는 것들
실패는 무너뜨림이 아니라 안내판 · 148
멈춘 길 끝에서 발견하는 다른 길 · 151
실패 속에서 나를 더 잘 알게 되는 순간 · 154

### 제12장_ 다시 시작할 힘은 내 안에 있다
바닥에서 솟아나는 의지 · 160
작게 다시 시작하는 법 · 163
"오늘도 버틴 나, 잘했다"는 고백 · 166

**제5부**
**결국, 나는 나로 괜찮다**

### 제13장_ 세상이 정해 놓은 정답 말고
성공 공식에 맞추지 않아도 된다 · 174
정답이 아니라 내 답을 찾아가는 길 · 177
나의 삶을 설계하는 힘 · 180

### 제14장_ 느려도 괜찮은 이유
인생은 마라톤, 누가 먼저 달리는지가 전부가 아니다 · 186
내 리듬, 내 속도, 내 방식 · 189
천천히 걷는 사람만이 볼 수 있는 풍경 · 192

### 제15장_ 작은 기쁨이 나를 살린다
일상에서 발견하는 소확행 · 198
사소한 행복이 만드는 회복력 · 201
내일을 버티게 하는 오늘의 작은 빛 · 203

에필로그  괜찮지 않아도 우리는 살아간다 · 206

## 제1부

모두 괜찮아 보이는데,
왜 나만 힘들까?

"우리가 다른 사람의 삶을 부러워하는 순간,
그들의 그림자는 보지 못한다."

- 하퍼 리 (미국 여성 작가)

# 제1장

•
•
•

## 괜찮지 않은 게 당연하다

"슬픔을 느끼지 못한다면,
기쁨도 느낄 수 없다."

- 칼 융 (심리학자)

# 행복해 보이는 건
## 착각일 뿐

요즘 우리는 하루에도 수십 번씩 '행복해 보이는' 장면들을 목격한다.

출근길 지하철 안, 어떤 사람은 고급 커피를 들고 여유롭게 음악을 듣는다. 카페 창가에는 노트북을 켜놓고 웃으며 대화하는 사람들이 앉아 있다. SNS를 열면, 친구들은 화려한 여행지에서 찍은 사진, 푸짐한 음식, 행복한 연애를 자랑하듯 올린다. 스크롤을 내릴 때마다 '다들 잘 사는구나'라는 생각이 자연스럽게 스며든다.

그런데 그 화면 너머의 현실은 얼마나 다를까.

여유로워 보이는 직장인은 사실 퇴근 후 혼자 방에 돌아가 깊은 허무함을 느낄지도 모른다. 행복한 미소를 짓고 있는 연인은 바로 직전에 크게 다투었을 수도 있다. 여행 사진을 올린 친구도 사실은 빚을 내어 간신히 떠난 여행이었을 수도 있다. 우리가 보는 건 단편적인 순간이고, 그마저도 철저히 '편집된 장면'이다.

　행복은 언제나 보여주고 싶은 방식으로만 드러난다.
　누군가의 웃음 사진 뒤에는 수십 장의 실패한 셀카가 있고, 멋진 성공담 뒤에는 수많은 좌절과 포기가 숨어 있다. 하지만 우리는 그 과정을 볼 수 없기에, 그 사람은 늘 '성공한 모습, 행복한 모습'으로만 존재하는 것처럼 착각한다. 그러니 나만 힘들고, 나만 뒤처진 것 같다는 생각에 점점 짓눌린다.

　사실 진짜 행복은 그렇게 눈에 잘 띄지 않는다.
　밤늦게 퇴근 후 집 앞 편의점에서 먹는 삼각김밥이 더 맛있을 때도 있고, 아무도 모르게 받은 작은 친절이 하루를 버티게 할 때도 있다. 하지만 이런 평범한 순간은 사진으로 남기지도 않고, 굳이 자랑하지도 않는다. 그렇기에 남들의 삶과 비교했을 때 내 삶이 유난히 초라해 보이는 것이다.

　행복은 크고 화려하게만 존재하는 것이 아니다.
　행복은 보여주기보다 살아내는 것이다. SNS에 올라오지 않은 수

많은 순간들 속에서, 조용히 숨 쉬듯 스며드는 것이 바로 진짜 행복이다. 우리가 '행복해 보이는 모습'에 속는 이유는, 삶의 전체가 아니라 일부만 보고 있기 때문이다.

**"행복해 보이는 건 대부분 착각이다.
웃음 뒤에는 누구나 자기만의 눈물이 있다."**

그러니 이제는 조금 다르게 바라볼 필요가 있다.

누군가의 반짝이는 순간은 그 사람의 인생의 일부분일 뿐이고, 나 역시 내 삶의 다른 부분에서는 충분히 빛나고 있을 수 있다는 것을. 행복해 보이는 사람을 보며 나를 깎아내리기보다, 지금 내 안에 이미 있는 작은 기쁨들을 발견하는 것이 훨씬 중요하다.

# 불안은
# 살아 있다는 증거

우리는 하루에도 수없이 불안을 느낀다.

아침에 눈을 뜨자마자 떠오르는 생각은 "오늘 일을 잘 해낼 수 있을까?"다. 출근길 엘리베이터 안에서는 "혹시 실수하면 어쩌지?", 친구와의 모임에 나가기 전에는 "오늘도 나만 어색해 보이면 어떡하지?" 같은 질문들이 꼬리를 문다. 불안은 쉼 없이 따라다니며 마음 한구석을 무겁게 짓누른다.

많은 사람들은 불안을 '없애야 할 감정'으로 여긴다.

불안이 생기면 뭔가 잘못된 것 같고, 스스로가 더 약한 사람처럼 느껴진다. 그래서 불안을 피하려 하고, 외면하려 하고, 마치 결점처럼 감추려 한다. 하지만 사실 불안은 우리를 무너뜨리려는 감정이 아니다. 불안은 아직 내가 살아 있고, 무언가를 바라고 있다는 증거다.

만약 꿈도, 기대도, 희망도 없다면 불안할 이유도 없다.

아무것도 바라지 않는 사람은 실패를 두려워할 필요가 없다. 하지만 우리는 여전히 더 나은 내일을 기대하기 때문에 오늘의 불안을 느낀다. 새로운 도전 앞에서 가슴이 두근거리고, 중요한 발표 전날 밤에 잠을 설치는 건 그 일이 내게 소중하다는 뜻이다.

**"불안은 실패가 아니라
가능성이 살아 있다는 표시다."**

생각해 보면 인생에서 가장 강렬하게 살아 있다고 느낀 순간은 언제였을까.

첫 면접장에 들어섰을 때, 사랑을 고백하기 직전에 목소리가 떨릴 때, 새로운 길을 선택하면서 심장이 미친 듯이 뛰던 순간들. 그 모든 순간에 불안은 꼭 함께했다. 불안이 없었다면 그만큼 간절하지 않았다는 의미일지도 모른다.

문제는 불안을 '적'으로 대하는 태도다.

불안을 없애야 할 괴물로 보면, 그 감정은 점점 더 커지고 무섭게 다가온다. 그러나 불안을 '살아 있음의 신호'로 받아들이면, 그 감정은 오히려 나를 앞으로 나아가게 하는 힘이 된다. 불안은 나를 괴롭히는 게 아니라, 내가 정말 원하는 게 무엇인지 알려주는 나침반이다.

오늘도 불안에 잠 못 드는 당신에게 말하고 싶다.
불안하다는 건 잘못된 게 아니다. 오히려 당신이 여전히 꿈꾸고, 여전히 포기하지 않았다는 의미다. 불안은 당신이 여전히 살아 있다는 증거다.

**"불안이 사라지길 바라지 말고,
불안 속에서 앞으로 걸어갈 힘을 찾자."**

# 내 마음이 보내는
# SOS

가끔은 아무 이유 없이 무기력해질 때가 있다.

해야 할 일은 산더미인데, 몸은 침대에 붙어 떨어지지 않는다. 휴대폰만 만지작거리다 하루가 흘러가고, 저녁이 되면 "나는 왜 이렇게 아무것도 못 했을까" 하는 자책이 찾아온다. 순간, 스스로가 게으르고 나약한 사람처럼 느껴진다. 하지만 그 무기력은 나를 비난해야 할 증거가 아니라, 오히려 마음이 보내는 구조 신호다.

몸이 아플 때 열이 나는 건 몸이 싸우고 있다는 신호다.

마음이 아플 때 무기력이 오는 것도 같은 맥락이다. 더 이상 버틸 힘이 없다는, 조금은 쉬어야 한다는, 지금 이대로는 안 된다는 몸속의 알람 같은 것이다. 그런데 우리는 그 신호를 무시한 채 스스로를 다그친다. "왜 이 정도도 못 하니? 정신 차려야지." 하지만 다그침은 구조가 아니라 또 다른 압박이 되어 더 깊은 무기력으로 빠지게 만든다.

**"무기력은 나약함이 아니라,
마음이 쉬고 싶다는 신호다."**

나 역시 그런 경험이 있다.

한동안 일에 치여 주말조차 반납하며 살던 어느 날, 몸이 멀쩡한데 도저히 일어나지지 않았다. 할 일은 산더미였지만 손가락 하나가 떨어지지 않았다. 그때 나는 처음으로 깨달았다. 이건 게으름이 아니라, 내 마음이 "더는 못 버티겠다"라고 외치고 있다는 걸.

그날 억지로 일을 밀어붙이지 않고, 그냥 하루를 온전히 쉬었다. 늦잠을 자고, 좋아하는 음악을 듣고, 아무 이유 없이 마냥 걷기만 했다. 그렇게 보내고 나니 이상하게 다음 날은 조금은 숨통이 트였다. 마치 구조 신호에 응답해 준 것처럼 마음이 차츰 회복되었다.

우리에게 필요한 건 더 많은 자기 통제가 아니라 더 깊은 자기 이해다.

마음의 SOS를 알아차리고, 그 신호를 무시하지 않는 것. 때로는 멈추고, 쉬고, 울고, 아무것도 하지 않는 선택이야말로 회복의 시작일 수 있다.

그러니 무기력한 날을 두려워하지 말자.
그건 내가 무너진 게 아니라, 오히려 살아남기 위해 마음이 스스로를 지키려는 몸부림이다. 중요한 건 그 신호를 무시하지 않고, 따뜻하게 응답하는 것이다.

**"마음의 SOS는 약함이 아니라
회복을 향한 용기 있는 외침이다."**

< 눈물의 언어 >

모두가 웃는 얼굴 뒤
나만 울고 있는 것 같아도
사실 눈물은 우리 모두의 언어
오늘의 눈물이
내일의 햇살을 부른다.

# 제2장

・
・
・

## SNS 속 그림자

"비교는 스스로를 괴롭히는
가장 빠른 방법이다."

- 마크 트웨인 (소설가)

# 타인의 하이라이트와
# 나의 비하인드

SNS를 열면, 세상은 마치 축제처럼 빛나 보인다.

친구는 푸른 바다 앞에서 환하게 웃고 있고, 동창은 번듯한 직장에서 승진 소식을 전한다. 누군가는 운동으로 다져진 몸을 자랑하고, 또 다른 누군가는 달콤한 연애의 순간을 놓치지 않고 기록한다. 화면을 스크롤하는 내 손가락은 점점 무거워지고, 내 표정은 점점 굳어진다.

왜냐하면 그 화려한 장면들과 나의 현실은 너무도 다르기 때문이다.

나는 퇴근 후 허겁지겁 편의점 도시락을 먹고 있는데, 누군가는 고급 레스토랑에서 코스를 즐긴다. 나는 초라한 방에서 빨래와 설거지에 치여 있는데, 누군가는 호텔 침대 위에서 여유롭게 아침을 맞이한다. 그 순간 비교는 자연스럽게 시작된다.

   하지만 우리가 잊는 사실이 있다.
   SNS에 올라오는 건 그들의 하이라이트라는 것. 마치 드라마 속 클라이맥스 장면만 모아놓은 편집 영상 같은 것이다. 그들의 하루에도 지루하고 초라한 순간은 분명히 존재한다. 하지만 그런 장면은 업로드되지 않는다. 사람들은 보여주고 싶은 순간만 선택적으로 남기기 때문이다.

   그런데 우리는 타인의 하이라이트를 보면서, 나의 비하인드와 비교한다.
   남들이 웃으며 올린 사진과 내 방구석에서의 무기력을, 남들의 성공담과 내가 넘어진 순간을 맞대어 본다. 당연히 비교에서 내가 질 수밖에 없다. 이건 애초에 공정한 비교가 아니다.

> **"타인의 하이라이트와 나의 비하인드를 비교하지 말자.**
> **그건 애초에 같은 무대가 아니다."**

생각해 보면 나에게도 충분히 하이라이트는 있다.

친구와 밤새 떠들며 웃었던 순간, 작은 시험에 합격하고 혼자 케이크를 사 들고 집에 들어오던 날, 힘들게 모은 돈으로 부모님께 선물을 사드렸을 때. 하지만 그런 순간들을 굳이 기록하거나 자랑하지 않았을 뿐이다. 나는 이미 빛나는 장면들을 가지고 있었다.

결국 SNS가 보여주는 세상은 진짜 세상의 일부일 뿐이다.
그 하이라이트만 보고 내 삶을 평가하는 건, 영화 예고편만 보고 내 일상을 초라하다 여기는 것과 같다. 중요한 건 내가 지금 내 삶의 무대 위에서 주인공으로 살아가고 있다는 사실이다.

# '좋아요' 숫자에
# 휘둘리는 마음

SNS에서 가장 먼저 눈에 들어오는 건 사진이나 글이 아니다.

사진 아래에 달린 숫자다. 몇 개의 하트, 몇 명의 댓글, 몇 명이 내 이야기를 봤는지. 우리는 그것을 무심코 확인하고, 그 숫자에 따라 하루 기분이 오르락내리락한다. 좋아요가 많이 달리면 기분이 들뜨고, 반대로 기대만큼 반응이 없으면 이유 없는 초조함이 몰려온다.

사실 이 숫자는 단순한 데이터일 뿐이다.
하지만 우리의 마음은 그것을 곧장 '존재의 가치'로 해석한다.
*"내 글에 관심이 없는 건, 결국 나에게 관심이 없는 거 아닐까?"*

라는 생각이 스며든다. 그래서 다음에는 더 멋진 장면을 찍으려고 애쓰고, 더 예쁜 말들을 골라 쓰게 된다. 그렇게 우리는 삶을 있는 그대로 사는 것이 아니라, 보여주기 위해 연출된 삶을 살게 된다.

힘든 하루 끝에 겨우 용기 내어 짧은 글을 올린 적이 있었다.
그 글은 나에게는 진심이었지만, 좋아요는 고작 몇 개에 그쳤다. 반면 누군가 올린 귀여운 반려견 사진에는 수백 개의 하트가 달려 있었다. 순간, 내 마음의 무게가 숫자에 그대로 옮겨진 듯했다. "내 이야기는 아무도 궁금해하지 않는구나."

그러나 시간이 지나고 돌아보니, 그것은 착각이었다.
좋아요의 개수는 단순히 누군가의 관심이 아니라, 그 순간의 타이밍, 노출, 알고리즘에 더 큰 영향을 받는다. 누군가에게 내 글은 깊은 울림을 주었을지도 모른다. 다만 그 울림이 하트 버튼으로 표현되지 않았을 뿐이다.

**"좋아요 숫자가 적다고 해서,
내 삶이 덜 가치 있는 건 아니다."**

우리는 자꾸 하트 하나에 웃고 울지만, 사실 진짜 중요한 건 숫자가 아니다.

나의 말과 사진이 누군가에게 작은 위로가 되었다면, 그것으로 이미 충분하다. 때로는 단 한 사람만 진심으로 공감해 주어도 그 순간은 의미 있는 것이다.

숫자에 휘둘리지 않고 나답게 살아가는 것,
그것이야말로 '좋아요'라는 가벼운 하트를 넘어서는 진짜 삶의 무게일 것이다.

**"좋아요는 내 존재를 증명하지 않는다.
나의 가치는 이미 내가 살아 있는 것으로 충분하다."**

# 온라인의 환상,
# 오프라인의 현실

SNS 속 세상은 언제나 반짝인다.

여행지의 푸른 바다, 형형색색의 음식들, 사랑스러운 연인의 미소, 성공을 축하하는 파티 현장. 화면 속 사람들은 늘 활짝 웃고, 배경은 빛나며, 글귀는 긍정과 행복으로 가득 차 있다. 하지만 휴대폰 화면을 꺼내놓는 순간, 우리 앞에 놓인 현실은 언제나 조금은 덜 빛나고, 덜 완벽하다.

그런데도 우리는 자꾸 그 반짝이는 장면을 현실로 착각한다.

친구가 올린 여행 사진을 보고 있으면 "나는 왜 이렇게 평범한 일상만 반복하지?"라는 생각이 든다. 다른 사람이 올린 합격 소식이

나 승진 소식을 보면, "나는 왜 아직 제자리에 있는 걸까?"라는 자책이 따라온다. 온라인에서 본 환상적인 장면을 현실의 내 삶과 곧바로 비교해버리는 것이다.

그러나 현실의 무게는 누구에게나 똑같이 존재한다.
화려한 파티 사진 뒤에는 치워야 할 쓰레기가 있고, 아름다운 여행 사진 뒤에는 빚과 피로가 있다. 환한 웃음으로 찍은 커플 사진 뒤에는 서로의 상처와 갈등이 존재한다. 하지만 그런 장면은 결코 기록되지 않는다. 그래서 우리는 착각한다. 그들의 삶은 늘 빛나고, 내 삶만 고단하다고.

**"온라인은 환상이고,
오프라인은 진짜다."**

실제로 우리에게 남는 건 사진보다 감각이다.
SNS에 올리기 위해 찍은 수십 장의 사진보다, 그 순간 불어오던 바람의 온기나 함께 웃던 사람의 표정이 훨씬 더 오래 기억된다. 하지만 우리는 자꾸 현실의 감각을 놓친 채, 화면에 담을 장면만 찾아 헤맨다. 가족과 식사하는 자리에서조차 음식이 입에 닿기 전에 카메라 앵글을 맞추고, 친구와의 대화 중에도 몰래 화면 밝기를 조절한다. 그렇게 삶은 현실에서 멀어지고, 기록용 장면만 쌓여간다.

진짜 삶은 온라인에 남지 않는다.

아무도 보지 않는 순간, 카메라에 담기지 않은 장면 속에 진짜 행복과 진짜 위로가 숨어 있다. 누군가에게 보여주지 않아도 좋고, 좋아요가 한 개도 없어도 괜찮다. 오히려 그런 순간들이 우리를 살아가게 한다.

**"사진에 남지 않아도 괜찮다.
가장 소중한 순간은 언제나 내 마음에 기록된다."**

< 꺼진 화면 앞에서 >

빛나는 화면 속
나는 늘 부족해 보이지만
꺼진 화면 앞에 서 있는 나,
그 모습이야말로
가장 진짜인 나였다.

# 제3장

## ⋮

### 외로움의 정체

"인간의 영혼은
고독 속에서 자란다."

- 토머스 칼라일 (철학자)

# 사람들 사이에 있어도
# 외로운 이유

우리는 종종 사람들 틈에 둘러싸여 있으면서도, 이상하게 더 외롭다고 느낀다.

술자리에서 웃음소리가 터져 나오는데도, 그 웃음에 진심으로 섞이지 못할 때. 회의실에 앉아 많은 사람들과 의견을 나누는데도, 내 목소리는 공기 속에서 금세 사라지는 것 같을 때. 심지어 가족들과 함께 밥을 먹으면서도, 마음은 어딘가에 고립된 듯한 순간이 있다.

외로움은 단순히 혼자 있는 상태가 아니다.
외로움은 연결되지 못한 상태다. 옆에 누가 있든 없든, 내 마음이 상대에게 닿지 않는다고 느낄 때 찾아온다. 그래서 혼자 집에 있어도 평온할 수 있고, 반대로 수십 명과 함께 있어도 깊은 외로움에 잠길 수 있다.

> **"외로움은 사람의 숫자가 아니라,
> 마음의 연결로 결정된다."**

사람들 속에서 외로운 이유는 '보여지는 나'와 '진짜 나' 사이의 간극 때문이다.

겉으로는 괜찮은 척, 즐거운 척, 열심히 사는 척해야 할 때가 많다. 하지만 속으로는 지치고 힘들고 불안하다. 겉과 속이 다르다는 걸 스스로 알기에, 아무리 많은 사람과 함께 있어도 마음은 텅 빈 방에 홀로 남은 듯 느껴진다.

한번은 친구들과 시끌벅적한 모임에 있었는데, 다들 웃고 떠드는 자리에서 나만 대화가 어딘가 겉돌았다. 내가 무슨 말을 꺼내도 대화는 금세 다른 이야기로 흘러갔고, 내 목소리는 아무도 붙잡지 않았다. 그때 느낀 감정은 고립감이었다. 사람들 틈에 있지만, 내 마음은 어디에도 닿지 않는다는 사실이 나를 더 외롭게 만들었다.

사람들 사이에서 외로운 순간이 우리를 괴롭게 하는 이유는, 그 순간에 "나는 혼자인가?"라는 두려움이 증폭되기 때문이다. 그러나 사실 그 감정은 지극히 자연스럽다. 모든 순간에 완벽하게 연결될 수는 없기 때문이다. 때로는 나와 타인의 파장이 맞지 않을 수도 있고, 마음의 리듬이 어긋날 수도 있다. 그것이 인간관계의 본래 모습이다.

그러니 사람들 속에서 외롭다고 해서, 내가 잘못된 것이 아니다.
그건 누구에게나 찾아오는 감정이고, 내가 살아 있는 증거다. 중요한 건 외로움이 나를 삼키도록 두는 게 아니라, 외로움이 알려주는 신호를 읽는 것이다. "지금 나는 조금 더 진짜 연결을 원하고 있구나."

**"사람들 속에서도 외로운 건, 내가 잘못된 게 아니다.
오히려 진짜 연결을 향한 마음의 갈증일 뿐이다."**

# 관계의 소음 속에서
# 내 목소리 잃기

우리는 하루에도 수많은 대화를 나눈다.

가족과의 짧은 안부 인사, 직장에서의 보고와 지시, 친구들과의 농담, 온라인에서의 댓글과 메시지. 겉보기엔 늘 누군가와 연결되어 있는 것 같지만, 정작 그 안에서 내 목소리는 점점 작아지고, 때로는 아예 사라져 버린다.

사람들과 어울리다 보면 대화는 종종 '경쟁'이 된다.

누가 더 재밌는 얘기를 하는지, 누가 더 잘난 이야기를 내놓는지, 누가 더 빠르게 반응하는지가 중요해진다. 그 속에서 내가 조심스레 내뱉은 말은 금세 묻혀 버리고, 때로는 아무도 귀 기울이지 않는다. 그 순간 "나는 여기서 불필요한 존재인가?"라는 생각이 스며든다. 사람들 사이에 있지만, 내 목소리가 닿지 않으니 고립감은 더 깊어진다.

### "외로움은 침묵이 아니라, 소음 속에서 더 크게 자란다."

나는 예전에 회사에서 회의 시간마다 이런 경험을 했다.

아이디어를 내면 대화는 곧장 다른 사람의 목소리에 덮였고, 내 말은 제대로 검토되지도 않은 채 흘러갔다. 몇 번 반복되자 점점 말수가 줄었고, 어느 순간부터는 아예 말하지 않는 쪽이 편해졌다. 그런데 이상하게도, 침묵을 택할수록 마음속 외로움은 커졌다. 말할 수 없다는 사실은 내가 점점 '투명한 존재'가 되어 간다는 두려움으로 이어졌기 때문이다.

관계 속에서 내 목소리를 잃는 건, 나 자신을 잃는 것과 비슷하다.

사람들과 함께 있으면서도 나답게 말할 수 없다면, 그 관계는 연결이 아니라 단절을 키운다. 그래서 외로움은 단순히 혼자 있을 때가 아니라, 오히려 관계 속에서 더 깊어지기도 한다.

그렇다면 해답은 무엇일까.

모든 자리에서 목소리를 크게 낼 필요는 없다. 하지만 최소한 '나의 진짜 목소리'를 지킬 수 있는 관계는 있어야 한다. 아무도 평가하지 않고, 굳이 잘난 척할 필요도 없으며, 있는 그대로의 나를 들어주는 관계. 그런 한두 사람이 있다면 수많은 소음 속에서도 외로움은 견딜 만해진다.

**"내 목소리를 잃지 않는 단 한 사람의 관계,
그것이 외로움 속에서 우리를 지켜낸다."**

# 외로움과
# 친해지는 법

많은 사람들은 외로움을 두려워한다.

외로움은 곧 결핍이고, 실패이고, 사랑받지 못한다는 증거처럼 느껴진다. 그래서 외로움이 찾아오면 어떻게든 사람들을 만나고, 소음을 채우며, 바쁘게 일정을 꾸린다. 잠시라도 혼자가 되면 안 될 것 같아 휴대폰을 붙잡고, 알림을 기다린다. 하지만 그렇게 도망칠수록 외로움은 더 짙어진다. 마치 그림자처럼, 피하려고 할수록 더 선명해지는 것이다.

사실 외로움은 나쁜 감정이 아니다.

외로움은 내가 사람을 원하고 있다는 증거이며, 동시에 내가 나

자신과 대화를 필요로 한다는 신호다. 외로움이 불쑥 다가올 때, 그것은 "너, 지금 잠시 멈춰서 내 마음을 들어줄래?"라고 말하는 목소리일지도 모른다.

### "외로움은 결핍이 아니라, 마음이 나를 부르는 초대장이다."

외로움과 친해지는 가장 쉬운 방법은, 도망치지 않는 것이다.

혼자 있는 시간을 억지로 채우지 않고, 그 고요함 속에 그냥 앉아 보는 것. 책을 읽거나, 음악을 들으며 천천히 걸어보는 것. 때로는 아무것도 하지 않고 창밖을 바라보는 것만으로도 좋다. 외로움은 그렇게 고요히 마주할 때, 더 이상 괴물이 아니라 하나의 감정으로 다가온다.

주말에 아무 약속도 없어서 하루 종일 혼자였던 어느 날, 나는 처음엔 견딜 수 없을 만큼 쓸쓸했던 적이 있었다. 하지만 억지로 연락을 돌리지 않고, 그냥 혼자만의 시간을 받아들이기로 했다. 좋아하는 커피를 내려 마시고, 평소 미뤄두었던 책을 읽고, 음악을 들으며 천천히 동네를 걸었다. 신기하게도 그날 저녁, 처음엔 나를 괴롭히던 외로움이 오히려 편안한 친구처럼 옆에 앉아 있었다.

외로움과 친해진다는 건, 결국 나 자신과 친해진다는 뜻이다.

사람이 떠나도, 세상이 바빠도, 나는 나와 함께할 수 있다는 믿음. 그 믿음이 생기면 외로움은 더 이상 두려운 감정이 아니다. 오히려 나를 성숙하게 하고, 내 삶을 단단하게 지탱하는 힘이 된다.

**"외로움과 손을 잡는 순간,
나는 더 이상 혼자가 아니다."**

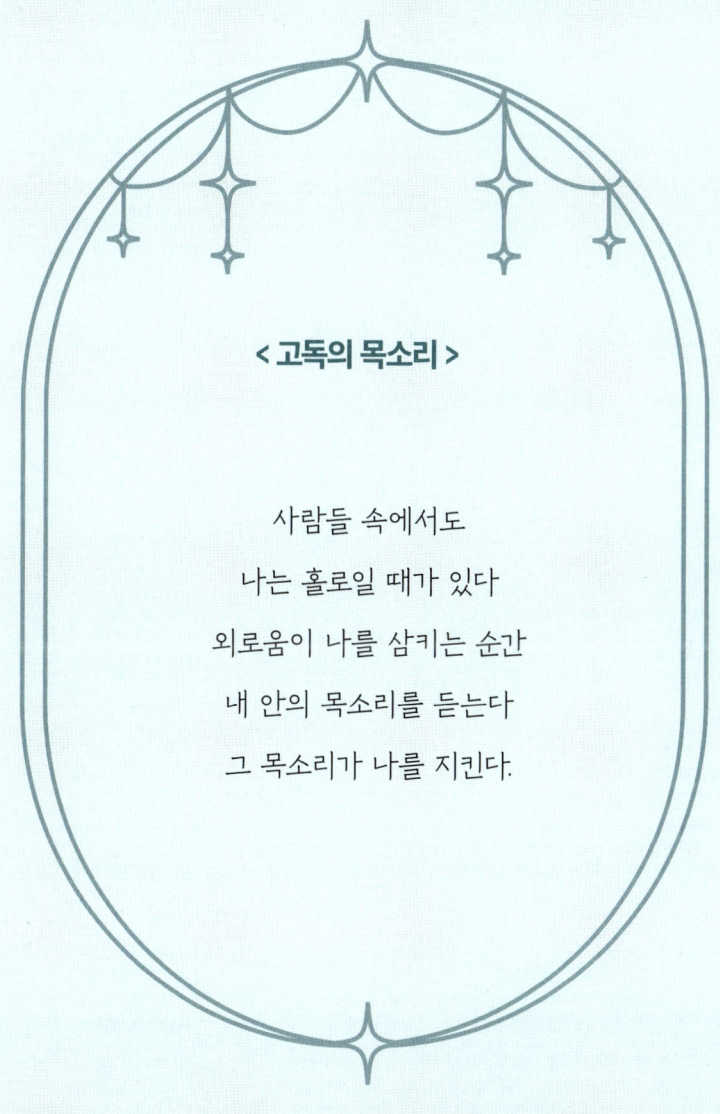

< 고독의 목소리 >

사람들 속에서도
나는 홀로일 때가 있다
외로움이 나를 삼키는 순간
내 안의 목소리를 듣는다
그 목소리가 나를 지킨다.

# 제2부

## 비교가
## 나를 무너뜨릴 때

"비교는 기쁨의 도둑이다."

- 시어도어 루즈벨트 (미국 26대 대통령)

# 제4장

⋮

## 언제나 나보다
## 잘 나가는 사람

"다른 사람과 비교하는 순간,
당신은 이미 패배했다."

- 에픽테토스 (스토아 철학자)

# 비교의 시작,
# 끝없는 불행

　비교는 아주 사소한 순간에 시작된다.
　친구가 새로운 직장에 합격했다는 소식을 들었을 때, 동창이 SNS에 올린 해외여행 사진을 보았을 때, 나보다 늦게 시작한 후배가 더 빠른 성과를 냈다는 얘기를 들었을 때. 마음속에 작은 파문이 일어난다. "나는 뭐 하고 있지?"라는 생각이 스며들면서, 그 순간부터 비교의 고리가 시작된다.

　비교는 한 번 시작되면 멈추기가 어렵다.
　처음엔 단순히 동기부여처럼 보일 수도 있다. "저 친구가 했으니 나도 할 수 있겠지." 하지만 곧이어 *"왜 나는 저만큼 못 하지?"*라는 자책으로 변한다. 비교는 성장을 향한 자극이 아니라, 스스로를 갉아먹는 독이 된다.

> **"비교는 나를 키우지 않고,
> 나를 깎아낸다."**

비교의 무서운 점은 끝이 없다는 것이다.

작은 성취를 이루어도 마음은 금세 다른 사람을 향한다. 취업에 성공하면, 이제는 연봉을 비교한다. 연봉이 늘면, 이번에는 직급을 비교한다. 직급이 오르면, 그 다음은 집, 차, 배우자, 자녀의 성취까지. 비교는 결코 멈추지 않는다. 항상 나보다 앞서 있는 누군가는 존재하기 때문이다.

힘들게 시험에 합격하고 뿌듯해하던 순간, 동기 중 누군가는 훨씬 더 좋은 성적으로 합격했다는 소식을 들었던 적이 있었다. 기쁨은 눈 녹듯 사라지고, 대신 허무함과 초라함이 밀려왔다. 분명 나는 잘해냈는데, 누군가와 나란히 놓는 순간, 그 성취는 아무 의미도 없는 것처럼 느껴졌다.

이게 바로 비교의 잔인함이다.

비교는 내가 가진 것을 빼앗지 않는다. 대신 내가 가진 것의 의미를 앗아간다. 그래서 만족은 사라지고, 행복은 늘 남의 손에 달려 있는 것처럼 느껴진다.

**"비교는 내가 가진 것을 빼앗지 않는다.
대신 내가 가진 행복의 의미를 앗아간다."**

비교에서 자유로워진다는 건, 사실 남보다 앞서려는 욕심을 내려놓는 일이다.

내 삶의 속도와 방향을 인정하는 순간, 남과의 거리는 더 이상 중요하지 않다. 결국 행복은 순위가 아니라 방향에서 온다. 내가 원하는 삶을 향해 한 걸음 내디디는 것, 그것만으로 충분하다.

# 친구의 성공이
# 내 실패로 보일 때

가끔은 축하가 진심으로 나오지 않는다.

친구의 합격 소식, 승진 공지, 첫 집 장만, 연애 성공… 알림창에 반짝 뜨는 그 소식들을 보며 "축하해!"라고 적으면서도 마음 어딘가가 서늘해진다. 축하는 했지만, 잠깐의 공허가 뒤따른다. 왜일까. 친구의 성공은 나에게서 무언가를 빼앗아 간 게 아닌데도, 이상하게 내 삶이 더 초라해 보인다.

이 감정의 핵심에는 '상대적 희소성'이라는 착시가 있다.

마치 성공이 한정판 상품이라 누군가가 먼저 가져가면 내 몫이 줄어든다고 느끼는 심리. 하지만 삶은 그렇게 작동하지 않는다. 친구가 합격했다고 내가 떨어질 운명이 확정되는 것도 아니고, 누군가의 사랑이 깊다고 해서 내 사랑의 가능성이 줄어드는 것도 아니다. 다만 마음은 숫자 놀이를 시작한다. 그는 1을 얻었고, 나는 0이네. 그렇게 비교 표가 그려지는 순간, 내 오늘의 노력과 작은 성취는 한순간에 0점으로 바뀐다.

> **"남의 축하가 내 실패를 뜻하지 않는다.
> 성공은 경쟁 시험이 아니라 각자의 시간표다."**

나는 한 번 이런 밤을 보냈다.

오랫동안 모은 돈으로 작은 여행을 다녀왔다. 돌아와 사진을 정리하며 "드디어 나도 해냈다"는 뿌듯함을 느끼던 순간, 친구가 여행에 대한 책을 펴냈다는 소식을 들었다. 축하 메시지와 서평이 이어지는 사이, 내 여행의 기억은 금세 빛을 잃었다. 분명 나는 나만의 방식으로 소중한 시간을 보냈는데, 친구의 멋진 성취 앞에서 내 경험은 그저 흔한 일상처럼 느껴져 버렸다.

시간이 흐른 뒤에야 깨달았다.

그날의 문제는 친구의 책이 아니라, 내 경험의 가치를 남의 성취와 비교해버린 나였다. 내게 중요한 건 '그 순간 내가 얼마나 충만했는가'였는데, 그 기준을 잊고 타인의 무대에 내 삶을 올려놓으니 스스로 작아질 수밖에 없었다.

> **"비교는 성취를 줄이지 않는다.
> 다만 성취의 기쁨을 훔쳐 간다."**

친구의 성공을 볼 때 마음이 흔들린다면, 이렇게 해본다.

### 1. 기준 되돌리기

오늘의 기준을 '타인'에서 '어제의 나'로 즉시 되돌린다. 오늘 내가 한 작은 행동 하나—메일 한 통, 운동 20분, 문장 10줄—그 자체로 점수를 준다. 남의 그래프 대신 내 그래프를 본다.

### 2. 감정 분리하기

질투가 올라오는 건 자연스럽다. 그 감정을 부정하지 않고 이름 붙여 본다. "지금 나는 부럽다." 감정에 이름을 붙이면, 감정이 나를 덮치지 못한다. 감정은 정보가 되고, 정보는 선택을 가능하게 한다. "부러우니, 나도 하루 30분 공부를 더해 보자."

### 3. 축하를 훈련으로

진심으로 축하하는 연습을 한다. 축하는 상대를 위한 말이지만, 동시에 나를 위한 선언이기도 하다. "남의 빛을 위협으로 보지 않겠다." 마음이 따라오지 않더라도, 행동을 먼저 한다. 행동이 감정을 데려온다.

### 4. 거리 두기

연달아 비교가 도지는 시기엔 SNS 소비를 줄인다. '좋은 소식' 피드가 폭포수처럼 쏟아질 때, 내 마음은 수영을 배우기도 전에 깊은 곳에 던져진다. 물 밖으로 잠시 나와 호흡을 가다듬는다. 필요한 건 의지력이 아니라 환경 조절이다.

### 5. 나만의 '의미' 복구

성공을 단일 척도로 보지 않는다. 돈, 직급, 팔로워수 외에도 사람의 삶엔 수백 가지의 성공이 있다. 오늘 내가 한 배려, 꾸준히 지킨 루틴, 넘어지지 않고 출근한 용기. 의미의 스펙트럼을 넓힐수록 비교는 약해진다.

> **"남이 앞질렀다는 사실이
> 내가 멈춰야 한다는 뜻은 아니다."**

친구의 성공이 내 실패처럼 느껴질 때, 사실 우리는 자신에게 묻고 있다.

"나는 어디쯤 와 있을까? 나는 잘하고 있는 걸까?" 그 질문이 아프다고 해서 나쁜 건 아니다. 다만 그 질문에 대한 답을 남에게 맡기지 말자. 답은 언제나 내 안에 있다. 오늘의 한 걸음, 내 속도, 내 호흡. 그게 나의 답이다.

그래서 이렇게 결론 내리고 싶다.
친구의 성공은 내 실패가 아니라 내 가능성의 증거다. 가까운 누군가가 도달했다는 사실은, 그 길이 실재한다는 증명이다. 지도에 없던 길이 아니라, 이미 누군가 걸어간 길이라면, 나도 언젠가 닿을 수 있다. 다만 내 시간표로.

SNS에 올릴 한 줄
**"남의 축하를 빼앗기지 말자.**
**그 축하는 언젠가 내 차례를 비추는 불빛이다."**

# 행복의 기준은
# 원래 상대적일까?

행복은 언제나 상대적인 걸까?

내가 조금 잘 되었다고 생각하는 순간, 주변에 더 잘된 사람이 눈에 들어오면 그 행복은 금세 빛을 잃는다. 새 휴대폰을 사서 뿌듯했던 마음도, 친구가 더 비싼 최신 모델을 꺼내는 순간 작아진다. 열심히 모아 산 작은 원룸도, 지인이 아파트를 계약했다는 소식을 들으면 한순간에 보잘것없어 보인다. 행복이란 게 원래 이런 식으로 남과 비교하며 정해지는 걸까?

행복을 상대적인 것으로만 정의하면, 우리는 결코 만족할 수 없다.

세상에는 언제나 나보다 앞선 사람이 존재한다. 더 많은 돈을 번 사람, 더 화려한 삶을 사는 사람, 더 인정받는 사람. 그들을 기준 삼는 순간, 행복은 내 것이 아니라 남이 허락해 주는 것이 되어버린다. 오늘의 기쁨도 내일은 빼앗길 수 있다.

### "남과 비교하는 순간, 행복은 언제나 도망친다."

사실 행복에는 두 가지 층위가 있다.

하나는 상대적 행복이다. 남보다 조금 더 가졌을 때 느끼는 우월감, 경쟁에서 이겼을 때 오는 짜릿함. 다른 하나는 절대적 행복이다. 남과 상관없이 내가 만족을 느끼는 순간, 내 삶에서 의미를 찾을 때 오는 평온함. 우리는 대체로 상대적 행복에 휘둘리지만, 오래가는 행복은 언제나 절대적 행복 쪽이다.

한 번은 오랜만에 조깅을 하고 땀을 흘리며 개운함을 느꼈다. 그런데 운동 앱을 보니 진구가 그날 마라톤 대회를 완주했다는 기록을 남겨두었다. 순간 내 달리기가 초라해졌고, 방금 전까지의 성취감이 줄어들었다. 하지만 곧 깨달았다. 내게 중요한 건 거리가 아니라 몸이 가벼워졌다는 사실이었다. 행복을 무너뜨린 건 결과가 아니라 비교하는 마음뿐이었다.

**"행복은 원래 상대적이지 않다.
다만 내가 비교하는 순간 상대적으로 변할 뿐이다."**

행복의 기준을 남에게 두면, 나는 평생 채점받으며 살게 된다.

하지만 기준을 내 삶 안에 두면, 나는 스스로 점수를 매길 수 있다. 오늘의 나에게 필요한 건 거창한 성취가 아니라 작은 만족일 때가 많다. 좋아하는 음식을 맛있게 먹은 순간, 힘든 하루를 버틴 나를 칭찬하는 마음, 소소한 성취를 기록하는 습관. 그런 것들이 쌓일 때 비로소 행복은 남과 무관하게 단단해진다.

행복은 경쟁이 아니라 발견이다.

남과 비교해 얻는 행복은 한순간 불꽃처럼 스쳐 가지만, 내 삶 속에서 찾는 행복은 잔잔하게 오래 남는다. 결국 행복의 기준은 원래 상대적이지 않다. 단지 우리가 남의 삶을 들여다보며 스스로 그렇게 만들어 버린 것일 뿐이다.

**"행복의 기준은 남이 아니라 나다.
남이 정해준 점수표에서 벗어날 때, 비로소 행복은 내 것이 된다."**

< 내 그림자를 따라 >

누군가의 발자국을 쫓다
나는 내 길을 놓쳤다
이제는 천천히 걸어간다
내 그림자를 따라,
나의 속도로.

# 제5장

⋮

## 비교하지 않고
## 사는 연습

"내일의 나와만 비교하라.
어제보다 나아졌는지가 중요하다."

- 랄프 왈도 에머슨 (사상가, 시인)

## 나만의 속도를
## 인정하기

우리는 늘 속도에 쫓긴다.

동창은 대기업에 들어가 승진하고, 어떤 후배는 스타트업을 창업해 언론에 이름이 실렸다. 그 소식들을 접할 때마다 내 발걸음은 유난히 느리고 뒤처진 것처럼 보인다. "나도 저만큼 달려야 하는데, 왜 이렇게 늦을까?"라는 조급함이 마음을 흔든다.

하지만 인생에는 '정해진 속도'라는 것이 없다.

누군가는 스무 살에 자신의 길을 찾지만, 또 누군가는 마흔이 넘어서야 진짜 원하는 삶을 발견한다. 어떤 이는 빠른 속도로 계단을 오르지만, 또 어떤 이는 천천히 돌아가며 더 단단한 길을 닦는다.

중요한 건 누가 먼저 도착했느냐가 아니라, 내가 가고 있는 길이 내 삶과 맞는가 하는 것이다.

**"인생은 경주가 아니라 여정이다.
속도보다 방향이 더 중요하다."**

동기 중 한 명은 대기업에 들어가 승승장구하고, 나는 몇 년간 방황하며 직업을 전전했던 적이 있다. 그때는 늘 초조했고, 내 삶이 실패한 것 같았다. 그런데 시간이 지나고 보니, 그 방황의 시간 덕분에 나는 다양한 경험을 했고, 결국 나에게 맞는 일을 찾을 수 있었다. 만약 그때 남의 속도를 따라가느라 조급하게 한 길만 택했다면, 지금의 나는 없었을 것이다.

나만의 속도를 인정한다는 건, '느려도 괜찮다'는 사실을 받아들이는 것이다.

천천히 가는 덕분에 볼 수 있는 풍경이 있다. 빨리 달리면 놓치고 지나치는 것들을, 느리게 걷는 사람은 차근차근 눈에 담을 수 있다. 누군가의 삶은 마라톤처럼 길고, 또 다른 누군가의 삶은 단거리 경주처럼 빠를 수 있다. 비교할 수 없는 다른 길을 걷고 있을 뿐이다.

조급함에 휘둘릴 때 이렇게 말해보자.

"나는 내 호흡대로 걷고 있다. 지금도 충분하다."

그러면 마음은 조금 느슨해지고, 나의 발걸음이 가진 힘을 다시 발견할 수 있다. 결국 인생의 속도를 정하는 사람은 나 자신뿐이다.

**"나만의 속도를 인정하는 순간,
비교의 굴레에서 벗어나 비로소 나답게 걸을 수 있다."**

# 작은 성취
# 기록하기

비교의 늪에서 빠져나오는 가장 단순하면서도 강력한 방법은 작은 성취를 기록하는 것이다.

우리는 대개 큰 성과만을 성취라고 생각한다. 대학 합격, 취업 성공, 승진, 결혼 같은 '이벤트'만을 기준으로 자신을 평가한다. 하지만 인생은 대부분의 시간이 이벤트가 아닌 일상으로 채워져 있다. 그 일상에서 성취를 발견하지 못하면, 행복은 늘 남의 차례에서만 찾아오게 된다.

나는 한 번 이런 시도를 해본 적이 있다.

매일 밤 잠들기 전, 오늘 내가 해낸 사소한 것들을 노트에 적었다. "출근길에 포기하지 않고 아침 운동을 했다." "회의에서 한마디라도 의견을 냈다." "힘들었지만 끝까지 보고서를 마쳤다." 처음엔 별 의미 없어 보였지만, 하루 이틀 기록이 쌓이자 신기한 변화가 일어났다. 작은 성취들이 모여 내 삶을 지탱하는 벽돌이 되어주고 있었다.

**"작은 성취는 사라지지 않는다.
기록될 때 비로소 힘이 된다."**

문제는 우리가 이런 순간을 대수롭지 않게 넘겨버린다는 것이다. "이 정도는 누구나 하는 거잖아.", "이건 성취라고 할 것도 아니지."라고 스스로 깎아내린다. 하지만 그런 순간들을 무시하면, 결국 내 삶에는 실패와 비교만 남는다. 작은 성취를 기록하는 건, 남과 비교할 필요 없는 나만의 무대를 만드는 일이다.

작은 성취 기록은 '나의 속도'를 확인하는 도구이기도 하다.
남들이 어디까지 갔는지는 중요하지 않다. 내가 어제보다 오늘 얼마나 나아졌는가, 그게 진짜 성장의 기준이다. 그 기준을 눈으로 볼 수 있게 만드는 것이 바로 기록이다. 하루 한 줄이 모이면, 몇 달 뒤에는 두꺼운 성취의 책이 된다.

**"비교를 멈추고 싶다면,
기록을 시작하라."**

이제는 거창한 목표를 적지 않아도 된다.

오늘 꾸준히 한 시간 책을 읽은 것, 힘들어도 하루를 버텨낸 것, 내 마음을 솔직히 털어놓은 것. 그 모든 게 성취다. 그 기록이 쌓일수록 우리는 남의 속도가 아니라 나의 궤적으로 살아갈 수 있다.

# 비교 대신
# 배움으로 전환하기

 비교가 나를 괴롭게 하는 이유는, 시선이 상대의 성취에만 머물기 때문이다.

 "저 사람은 왜 저렇게 빨리 성공했지?" "나는 왜 아직 이 정도밖에 못 했지?" 이런 질문은 끝없는 자책으로 이어진다. 하지만 같은 상황에서 질문을 살짝 바꾸면, 비교는 독이 아니라 자양분이 될 수 있다.

 "왜 나는 못 했을까?"가 아니라
 "저 사람은 어떻게 해냈을까?"라고 묻는 순간, 비교는 배움이 된다."

비교를 배움으로 전환한다는 건, 질투의 에너지를 성장의 연료로 바꾸는 일이다.

예를 들어, 동료가 발표를 잘해서 주목을 받았다면, "나는 왜 저만큼 못 하지?"라는 자책 대신 "저 친구는 발표할 때 어떤 준비를 했을까?"라고 묻는 것이다. 그 과정을 관찰하면 나에게 필요한 기술이나 태도를 배울 수 있다. 비교가 나를 깎아내리지 않고, 오히려 나를 끌어올리는 발판이 되는 것이다.

언젠가 후배가 내가 미처 못한 프로젝트를 성공적으로 마무리했을 때, 처음엔 솔직히 질투가 앞섰던 적이 있었다. 하지만 그 후배가 자료를 준비하는 과정을 옆에서 지켜보니, 내가 놓쳤던 세밀한 부분들을 알게 되었다. 그 순간 깨달았다. "아, 저건 내 부족함을 드러낸 게 아니라 내가 배워야 할 지점을 보여준 거구나."

> **"비교는 나를 작게 만들지만,**
> **배움은 나를 넓게 만든다."**

비교를 배움으로 전환하기 위해서는 두 가지 태도가 필요하다.

첫째, 인정하기. 상대의 성취를 시기하지 않고 있는 그대로 인정하는 것. "저 사람은 잘했다." 이 단순한 인정에서 배움은 시작된다.

둘째, 관찰하기. 내가 못한 이유를 고민하기보다, 상대가 잘한 이유를 관찰하는 것이다. 그 안에 내가 놓친 기술, 태도, 습관이 숨어 있다.

비교는 끝없는 불행으로 흐를 수 있지만, 배움은 끝없는 성장을 만든다.
나를 괴롭히던 시샘의 마음이 오히려 내 가능성을 확장하는 원동력이 될 수 있다. 결국 중요한 건 시선이다. 같은 장면을 보더라도, 어떤 이는 질투로 무너지고, 어떤 이는 배움으로 성장한다.

**"비교 대신 배움을 택하는 순간,
나는 남의 삶이 아니라 나의 삶을 완성해 간다."**

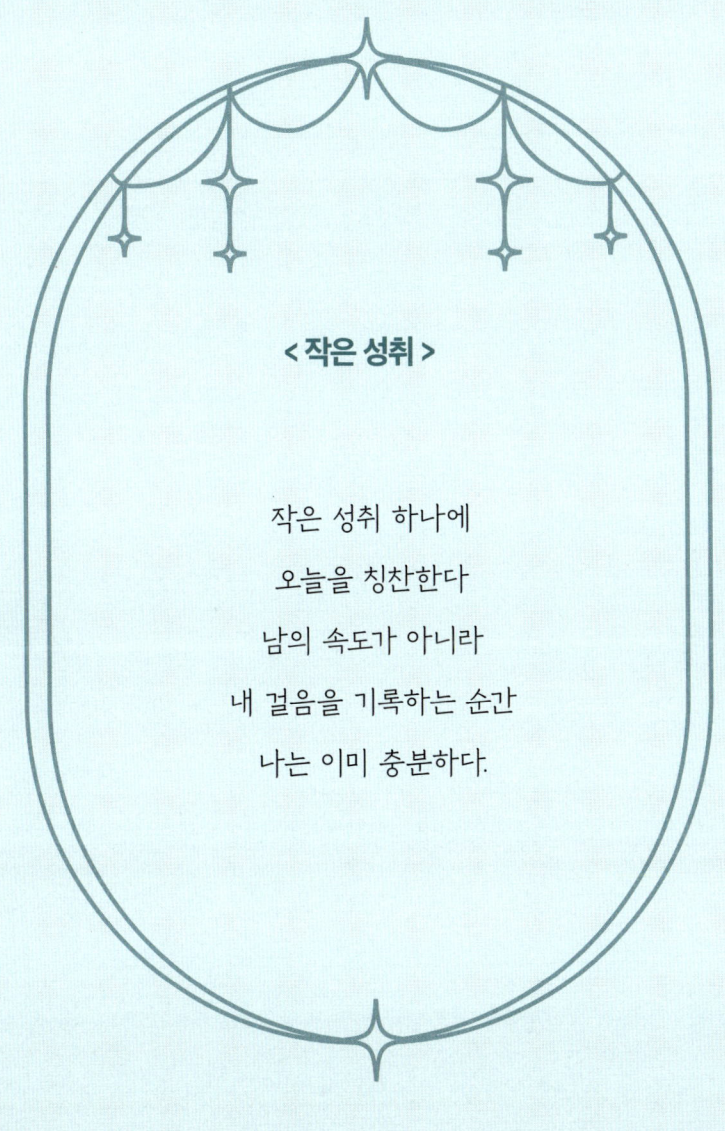

< 작은 성취 >

작은 성취 하나에
오늘을 칭찬한다
남의 속도가 아니라
내 걸음을 기록하는 순간
나는 이미 충분하다.

# 제6장

⋮

## 멈춤의
## 용기

"가끔 멈추는 것은 포기가 아니라,
더 멀리 가기 위한 준비다."

- 존 우든 (전 미국 농구 감독)

## 모두가 달릴 때
## 잠시 멈추는 선택

우리는 언제나 달리라는 신호 속에서 살아간다.

학교에서는 더 좋은 성적을, 회사에서는 더 높은 성과를, 사회에서는 더 빠른 성공을 요구한다. 누군가 멈추는 순간 뒤처진다고 말하고, 잠시 쉬는 건 게으름이라고 단정한다. 그래서 사람들은 지쳐도 멈추지 못한다. 모두가 달리는데, 나 혼자 멈추면 세상이 나를 버릴 것만 같기 때문이다.

하지만 진짜 용기는, 모두가 달릴 때 잠시 멈추는 선택에 있다.

멈춤은 뒤처짐이 아니라 숨 고르기다. 계속 달리기만 하면 호흡이 가빠지고 결국 쓰러질 수밖에 없다. 반대로 잠시 멈추어 설 때,

비로소 나는 내 방향을 확인할 수 있고, 다시 달려갈 힘을 충전할 수 있다.

> **"멈춤은 포기가 아니라,
> 더 멀리 가기 위한 준비다."**

언젠가 회사에서 끊임없이 프로젝트를 맡으며 밤낮없이 일하던 시절, 몸과 마음이 동시에 무너진 적이 있었다. 그럼에도 멈추지 못했다. 다른 사람들보다 느려질까 봐 두려웠기 때문이다. 결국 번아웃이 찾아왔고, 아무 일도 할 수 없는 상태에 이르렀다. 그때서야 깨달았다. 진짜 뒤처짐은 잠시 멈추는 게 아니라, 끝내 쓰러져 더 이상 일어나지 못하는 것이었다.

멈춤은 나약함이 아니라 자기 이해에서 비롯된다.
"지금은 내가 쉴 때다.", "이 정도면 충분히 했다."라고 스스로 말할 수 있는 사람만이 멈출 수 있다. 멈출 수 있는 사람은 다시 일어날 준비가 된 사람이다. 모두가 달리는 사이에 잠시 멈춘다고 해서 인생이 무너지는 건 아니다. 오히려 그 순간에만 보이는 풍경이 있고, 그 순간에만 들리는 내 내면의 목소리가 있다.

> **"달리는 것보다 더 중요한 건,**

**언제 멈출지를 아는 것이다."**

그러니 두려워하지 말자.

모두가 달릴 때 잠시 멈추는 건 용기 있는 선택이다. 다른 이들의 속도를 따라잡지 않아도 괜찮다. 중요한 건 내 속도로, 내 방향으로, 내 호흡으로 가는 것이다. 멈춤을 두려워하지 않는 사람만이 끝까지 완주할 수 있다.

# 쉼은
# 게으름이 아니라 충전

우리는 쉬는 것을 쉽게 '게으름'과 동일시한다.

주말에 하루 종일 침대에 누워 있었다는 사실을 누군가에게 털어놓으면 왠지 부끄럽고, 아무것도 하지 않은 날은 쓸모없는 하루처럼 느껴진다. 하지만 정말 그럴까? 쉼이란 단순한 공백이 아니라, 다시 살아가기 위한 가장 중요한 과정이다.

스마트폰도 배터리가 닳으면 충전해야 한다.

자동차도 기름이 떨어지면 주행할 수 없다. 그런데 우리는 유독 자기 자신에 대해서는 끝없이 가동되기를 강요한다. "더 해야 해, 멈추면 안 돼."라는 속삭임 속에 몸과 마음이 소진되는데도, 그 신호를 무시한다. 결국 번아웃이라는 경고가 찾아와 버린다.

**"쉼은 낭비가 아니다.
나를 지키는 가장 필수적인 투자다."**

나는 한 번 큰 프로젝트를 마치고 며칠을 온전히 쉬어 본 적이 있다.

아침 늦게까지 자고, 아무 계획 없이 산책하고, 좋아하는 책을 천천히 읽었다. 처음엔 마음 한구석이 불안했다. "이렇게 놀아도 괜찮을까?" 하지만 시간이 지나자 신기하게도 새로운 아이디어가 떠올랐고, 다시 일할 힘이 생겼다. 그때 깨달았다. 쉼은 멈춤이 아니라, 에너지를 회복하는 또 다른 움직임이라는 것을.

쉼을 게으름으로 보는 사회적 시선도 문제다.
'바쁘다'는 말은 능력의 증거처럼 통하지만, '쉰다'는 말은 무책임처럼 여겨진다. 그러나 사실 진짜 능력은 언제 쉴지를 아는 것이다. 제대로 쉴 줄 아는 사람이 결국 오래 달릴 수 있다.

쉼을 죄책감으로 느낄 필요는 없다.
쉼은 나를 다시 세우는 시간이다. 아무것도 하지 않는 순간조차, 내 안에서는 보이지 않는 회복이 일어나고 있다. 근육이 운동 후 휴

식기에 성장하듯, 마음도 쉼을 통해 강해진다.

**"쉼은 게으름이 아니라 충전이다.
충전 없는 움직임은 오래가지 못한다."**

# 멈춤이 가져다주는
# 새로운 시선

우리는 멈추면 잃는 게 많을 거라 생각한다.

다른 사람들보다 늦어진다든지, 기회가 사라진다든지, 다시 시작하기 어렵게 된다든지. 그래서 멈춤은 두려움의 대상이 된다. 하지만 멈춤은 우리에게 새로운 손실이 아니라 새로운 시선을 선물한다.

계속 달리기만 하면 보이지 않는 것들이 있다.

마치 고속열차 안에서 창밖을 볼 때 풍경이 스쳐 지나가듯, 우리는 바쁘게 달리느라 삶의 중요한 장면들을 놓친다. 반면 멈추어 설 때, 지금껏 지나쳐 온 것들이 눈에 들어온다. 내가 잊고 있던 소소한 기쁨, 당연히 여겨온 고마움, 그동안 무시했던 내 마음의 신호.

**"멈춤은
세상을 다르게 보는 창문이다."**

  한번은 큰 결정을 해야 했던 적이 있었다. 그때 나는 며칠을 일부러 온전히 멈추었다.

  사람들의 조언과 압박 속에서 어느 방향이 맞는지 혼란스러웠는데, 하루 이틀 아무것도 하지 않고 고요히 지내 보았다. 산책을 하고, 일기를 쓰고, 그냥 생각 없이 앉아 있었다. 그러자 놀랍게도 복잡하던 머릿속이 정리되었고, 내 마음이 진짜 원하는 길이 무엇인지 또렷이 보이기 시작했다. 달리기만 했다면 결코 얻지 못했을 깨달음이었다.

  멈춤은 우리를 뒤처지게 하지 않는다.
  오히려 다시 달릴 방향을 분명히 하고, 내 안의 힘을 회복시킨다. 그래서 멈춤 뒤의 발걸음은 더 단단하고 확실하다. 달리던 속도를 잠시 멈췄을 뿐인데, 전혀 다른 풍경과 다른 길이 열리는 것이다.

**"멈춤은 낭비가 아니라,
내 삶을 새롭게 보는 시간이다."**

  그러니 두려워 말고 멈추어 보자.

그 순간, 세상은 달리던 때와는 전혀 다른 얼굴을 보여줄 것이다. 그리고 그 시선이야말로, 나를 다시 살아가게 만드는 가장 큰 선물이 된다.

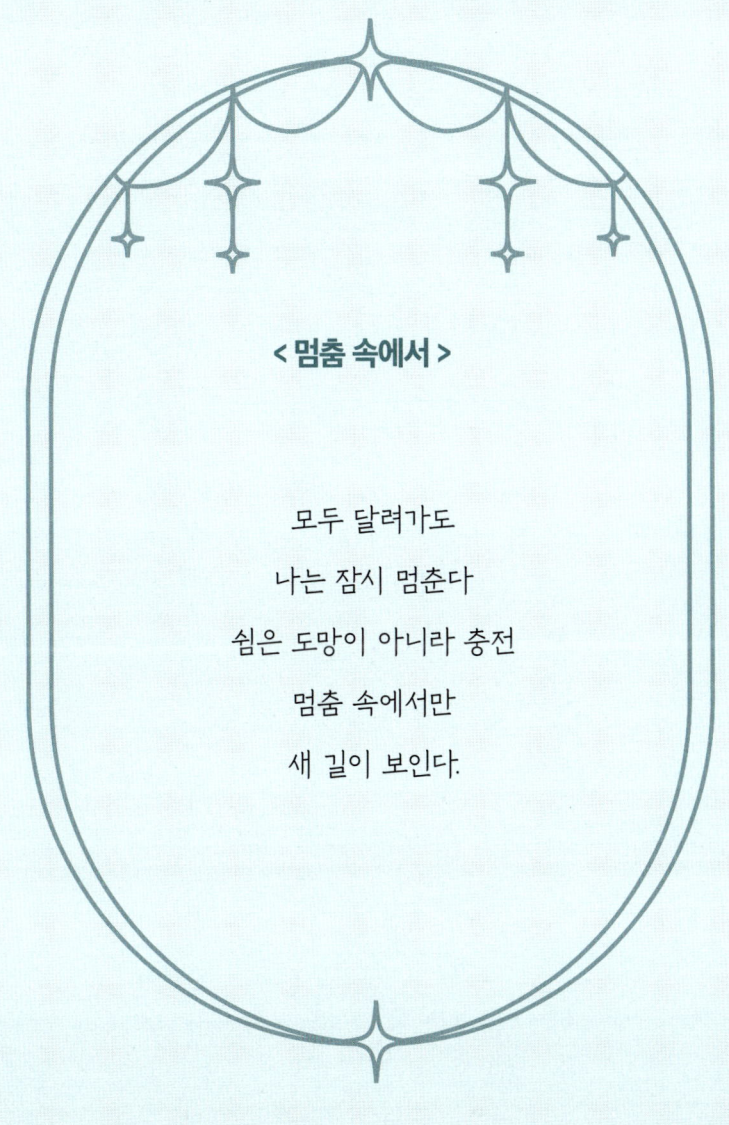

< 멈춤 속에서 >

모두 달려가도

나는 잠시 멈춘다

쉼은 도망이 아니라 충전

멈춤 속에서만

새 길이 보인다.

# 제3부

## 관계가
## 버거워질 때

"우리를 가장 아프게 하는 건
낯선 사람이 아니라 가까운 사람이다."

- 파울로 코엘료 (연금술사 작가)

# 제7장

⋮

## 가까운 사람일수록
## 더 힘들다

"사랑은 가장 큰 기쁨이자,
가장 큰 고통이다."

- 플라톤 (철학자)

# 가족, 연인, 친구에게
# 받는 상처

가까운 사람과의 관계는 늘 양날의 검 같다.

멀리 있는 사람의 말은 쉽게 흘려보낼 수 있지만, 가까운 이의 말은 가슴 깊숙이 꽂힌다. "넌 왜 그렇게밖에 못 하니?"라는 가족의 한마디, "넌 예전 같지 않아"라는 연인의 투정, "너는 늘 그런 식이야"라는 친구의 농담. 같은 말이라도 가까운 사람에게 들으면 훨씬 더 크게 다가온다.

왜일까?

가까운 사람일수록 우리는 그만큼 기대를 걸기 때문이다. 나를 이해해 줄 거라는 믿음, 내 편이 되어줄 거라는 바람, 나를 가장 잘 알아줄 거라는 기대. 하지만 그 기대가 무너질 때, 상처는 배가 된다. 낯선 사람의 차가운 말은 금세 잊히지만, 가족·연인·친구에게 받은 말은 오래도록 마음속에 남아 나를 흔든다.

> **"멀리 있는 말은 스쳐가지만,
> 가까운 말은 상처가 된다."**

한 번은 힘들게 준비한 일을 가족에게 자랑처럼 말했는데, 돌아온 건 "그게 뭐 대단한 일이야?"라는 반응이었다. 그 순간 모든 노력이 무가치하게 느껴졌고, 차라리 모르는 사람에게 들었다면 이렇게 아프지는 않았을 거라는 생각이 들었다. 가족이라서, 나를 응원해 주길 바랐던 사람이었기에 그 말은 더 깊이 새겨졌다.

연인과의 관계도 마찬가지다.
가장 가까운 존재이기에 작은 무심함도 큰 상처가 된다. 하루 종일 애쓴 끝에 기대한 따뜻한 말 대신, 짜증 섞인 반응이 돌아오면 그 순간 세상이 무너지는 것 같다. 결국 상처의 크기는 말의 무게가 아니라, 그 말을 한 사람이 나에게 어떤 존재인가에 달려 있다.

친구 관계도 다르지 않다.
오래 함께한 친구의 말은 농담처럼 들려도 가슴에 깊이 남는다.

특히 비교나 무심한 평가가 섞여 있을 때, "넌 아직도 그거 하고 있어?"라는 말은 한순간에 내 자존심을 무너뜨린다. 남이라면 웃어넘길 수 있었을 말도, 친구이기에 더 날카롭게 다가온다.

가까운 사람에게 받는 상처가 힘든 이유는 결국 이것이다.
그들이 내게 중요한 존재이기 때문이다. 무관심하다면 아프지도 않았을 것이다. 하지만 소중하기 때문에, 기대했기 때문에, 실망과 상처는 더 크게 느껴진다.

**"상처는 중요하지 않은 곳에서 오지 않는다.
가장 소중한 관계에서 가장 깊은 흔적을 남긴다."**

가까운 사람에게 상처받는 건 내가 잘못된 게 아니다.
그만큼 내가 그 관계를 진심으로 대했다는 증거다. 중요한 건 그 상처에만 머무르지 않고, 나를 지키면서 관계를 다시 바라보는 용기를 가지는 것이다.

# 기대가 클수록
# 더 크게 다가오는 실망

우리가 가장 가까운 관계에서 상처를 크게 받는 이유는, 기대 때문이다.

가족은 언제나 내 편일 거라 믿고, 연인은 끝까지 나를 이해해 줄 거라 기대하고, 친구는 힘든 순간에 반드시 함께할 거라 여긴다. 하지만 현실은 언제나 우리의 기대만큼 따뜻하지 않다. 그때 찾아오는 감정은 단순한 아픔이 아니라, 배신감에 가까운 실망이다.

가까운 사람에게 거는 기대는 종종 '당연함'이 된다.
"가족이라면 당연히 내 마음을 알겠지."
"연인이라면 말하지 않아도 이해해 줄 거야."

"친구라면 내 편 들어주겠지."

그러나 이 '당연함'은 착각이다. 아무리 가까운 사이라도, 서로의 마음을 100% 알 수는 없다. 서로 다른 삶을 살아온 두 사람이기 때문이다.

**"기대가 당연함이 되는 순간,
실망은 불가피하다."**

언젠가 힘든 일을 겪고 친구에게 털어놨을 때, 그 친구는 예상과 달리 가벼운 농담으로 넘겼다. 나는 진지한 위로를 원했는데, 친구는 오히려 상황을 대수롭지 않게 만들려고 했다. 그 순간 서운함이 몰려왔다. 하지만 시간이 지나고 보니, 그 친구는 나름대로 나를 가볍게 해주고 싶었던 것뿐이었다. 다만 내가 원한 방식이 아니었을 뿐이다.

연인 관계에서도 마찬가지다.
"나를 제일 잘 아는 사람"이라는 기대 때문에, 작은 무심함도 배신처럼 느껴진다. 하지만 생각해 보면, 연인 역시 나와 마찬가지로 불완전한 사람이다. 때로는 그저 지쳐 있고, 여유가 없을 뿐인데, 나는 그 순간을 이해해 주지 못하고 '실망'으로 단정 지어 버린다.

실망을 줄이는 방법은 기대의 균형을 맞추는 것이다.

가까운 사람일수록 내 마음을 더 잘 알아주길 바라지만, 그들 역시 나와 똑같이 흔들리는 사람이라는 사실을 기억해야 한다. 나를 전부 이해해 주지 못해도, 그것이 관계의 실패는 아니다.

**"실망은 상대의 부족 때문이 아니라,
내가 만든 기대의 크기에서 비롯된다."**

기대가 클수록 실망도 커진다. 하지만 그 실망은 관계가 끝났다는 뜻이 아니다. 오히려 관계가 더 성숙해질 수 있는 기회가 될 수 있다. 서로의 차이를 인정하고, 기대보다 이해를 선택할 때, 가까운 관계는 상처가 아닌 힘이 된다.

# 사랑과 집착의
# 경계

사랑은 우리를 살아가게 하는 가장 큰 힘이다.

하지만 그 사랑이 때로는 상대를 옭아매는 집착으로 변하기도 한다. 문제는 그 경계가 생각보다 아주 미묘하다는 것이다. "너를 걱정해서 그래."라는 말이 사실은 통제를 의미할 수도 있고, "너를 너무 좋아해서 그래."라는 말이 사실은 상대의 자유를 빼앗는 요구일 수도 있다.

사랑과 집착을 가르는 기준은 단순하다.

상대를 위한 마음인가, 나를 위한 마음인가.

사랑은 상대의 행복을 바라는 것이고, 집착은 나의 안심을 위해 상대를 붙잡는 것이다. 그래서 사랑은 상대를 자유롭게 하지만, 집착은 상대를 숨 막히게 한다.

> **"사랑은 '네가 행복하길 바라는 마음'이고,
> 집착은 '내가 불안하지 않길 바라는 마음'이다."**

나는 한때 가까운 연인이라면 매일 어디에 있는지, 누구와 있는지 보고하듯 알려주는 것이 당연하다고 여긴 적이 있었다. 처음엔 그게 애정의 표현이라고 생각했다. 하지만 시간이 지나면서 알았다. 그것은 상대를 위한 마음이 아니라, 내 불안을 달래기 위한 요구였다는 것을. 상대는 점점 지쳐갔고, 결국 관계는 멀어졌다. 그때 깨달았다. 사랑이 집착으로 변하는 순간, 그 관계는 무너진다는 것을.

가족 관계에서도 마찬가지다.
부모가 자녀에게 "너 잘되라고 하는 소리야"라며 끊임없이 간섭할 때, 그것이 진짜 사랑일까? 물론 마음속 바탕에는 사랑이 있다. 하지만 그 표현이 자녀의 선택을 제한하고 자유를 앗아간다면, 그것은 사랑이 아니라 집착에 가깝다.

친구 관계에서도 집착은 나타난다.
늘 함께 있어야 한다고 요구하거나, 다른 친구와 어울리면 서운해하는 태도. 처음에는 애정처럼 보이지만, 시간이 지날수록 상대의 숨을 막는다. 결국 그런 관계는 오래 가지 못한다.

 사랑과 집착의 차이를 구분하는 가장 좋은 방법은, 이렇게 스스로에게 묻는 것이다.
 "내가 바라는 건 상대의 행복인가, 내 불안을 달래기 위한 건가?"
 그 질문 앞에서 솔직해질 때, 우리는 사랑을 지킬 수 있고 집착을 내려놓을 수 있다.

**"사랑은 자유를 주고,
집착은 자유를 빼앗는다."**

 진짜 사랑은 붙잡는 게 아니라, 옆에서 함께 걸어가는 것이다.
 상대가 자유로울 때, 그 관계는 더 오래, 더 깊게 이어진다.

< 사랑의 또 다른 이름 >

가까운 손길이 때로는 상처가 된다

그러나 그 아픔도 결국

사랑의 다른 이름

상처 속에서도

나는 사랑을 배운다.

# 제8장

⋮

## 나를 지키는 거리 두기

"가장 건강한 관계는
적절한 거리에서 자란다."

- 칼 로저스 (심리학자)

# 모든 관계에
# 전력을 다할 필요는 없다

　우리는 어려서부터 "사람들에게 친절해야 한다", "좋은 관계를 맺어야 한다"라는 말을 듣고 자란다. 그래서인지 많은 이들이 모든 관계에 전력을 다하려고 한다. 친구면 친구답게, 가족이면 가족답게, 동료면 동료답게 언제나 최선을 다해야 한다고 믿는다. 하지만 모든 관계에 전력을 다하는 건 불가능할 뿐만 아니라, 나를 가장 먼저 소진시키는 길이다.

　사람마다 감당할 수 있는 에너지의 양은 한정돼 있다.
　아무리 성실한 사람이라도 모든 관계에서 100%를 내줄 수는 없다. 그런데도 억지로 전력을 다하려 하면, 결국 정작 중요한 관계에

쏟을 힘조차 남지 않는다. 결과적으로는 누구에게도 충분히 다가가지 못하고, 나 자신까지 지쳐버린다.

> **"모든 관계에 불을 켜두면,
> 정작 내가 타버린다."**

주변 사람들의 부탁을 거절하지 못해 항상 시간을 쪼개 주고, 힘든 이야기를 들어주고, 모임에 빠짐없이 참석한 적이 있었다. 그때는 내가 좋은 사람이라고 생각했지만, 어느 순간부터 마음이 공허해졌다. 다 들어주고 나면 남는 건 피로뿐이었다. 정작 내가 힘들 때는 그 많은 관계 중 누구에게도 솔직히 기대지 못했다. 그제야 알았다. 모든 관계에 전력을 다하는 건 결국 누구와도 깊은 관계를 맺지 못하는 길이라는 걸.

관계에도 우선순위가 필요하다.
내게 힘을 주고, 내가 진심으로 마음을 나눌 수 있는 몇몇 관계에 더 많은 에너지를 쓰고, 그 외의 관계에는 적정선을 지키는 것. 이것이 지친 마음을 지키는 방법이다. 나를 아끼는 건 이기심이 아니라, 관계를 건강하게 유지하기 위한 최소한의 균형이다.

> **"나를 지키는 선은**

**이기심이 아니라 생존이다."**

모든 사람에게 좋은 사람이 되려 하지 않아도 된다.

몇몇 소중한 이들과 진심으로 연결되어 있다면, 그것으로 충분하다. 모든 관계에 전력을 다하지 않아도, 세상은 무너지지 않는다. 오히려 그때 비로소 나는 내 안의 힘을 잃지 않고, 필요한 순간 진짜 관계를 지킬 수 있다.

# 친밀함에도
# 적정 거리가 필요하다

우리는 흔히 이렇게 배운다.
"가까운 사이라면 뭐든 다 공유해야 한다."
"친밀함의 증거는 거리 없는 소통이다."
하지만 현실의 관계는 다르다. 오히려 적정 거리가 없을 때, 관계는 더 빨리 무너진다.

친밀함은 벽을 허무는 게 아니라, 창문을 열어 두는 것과 같다.
창문은 열려 있되, 언제든 닫을 수 있는 선택권이 있어야 한다.
아무리 친한 사이라도 모든 걸 다 드러내고, 모든 순간 함께해야 한다는 압박은 결국 상대에게도, 나에게도 피로를 안긴다.

> "진짜 친밀함은 모든 것을 공유하는 게 아니라,
> 서로의 선을 존중하는 데서 자란다."

가까운 친구와 매일 연락하고, 하루의 대부분을 함께 보냈던 시기가 있었다. 처음엔 즐거웠지만, 시간이 지날수록 답답함이 쌓였다. 나만의 시간이 사라졌고, 작은 오해에도 감정이 과도하게 흔들렸다. 결국 우리는 서로에게 서운함만 쌓은 채 거리를 두게 되었다. 그때 깨달았다. 친밀함은 거리의 부재가 아니라, 거리를 인정하는 태도라는 걸.

가족 관계에서도 마찬가지다.
부모와 자녀, 부부, 형제 사이에도 건강한 거리가 필요하다. 부모가 자녀의 일거수일투족을 모두 알아야 한다고 생각하면, 자녀는 숨 쉴 공간을 잃는다. 연인 사이도 다르지 않다. "사랑한다면 모든 걸 말해야 해"라는 요구는 종종 통제의 언어가 된다. 오히려 말하지 않아도 믿을 수 있는 공간이 있을 때, 관계는 더 오래 지속된다.

적정 거리를 지킨다는 건 무심함이 아니다.
오히려 상대를 존중한다는 뜻이다. 각자의 영역을 인정하고, 혼자만의 시간을 지켜주는 것. 그 균형 위에서만 관계는 건강하게 자랄 수 있다.

**"거리가 없으면 질식하고,
거리가 있으면 오래 숨 쉴 수 있다."**

가장 가까운 관계일수록 적정 거리는 더 중요하다.

그 거리는 사랑을 약화시키는 벽이 아니라, 오히려 서로를 더 오래 바라보게 만드는 창문이다.

# 거리를 두는 게
# 이별은 아니다

우리는 관계에서 거리를 두면 곧 멀어진다고 생각한다.

연락을 조금 덜 하면, 만남을 조금 줄이면, 상대가 서운해하고 결국 관계가 끊어질 거라 두려워한다. 그래서 억지로 자주 연락하고, 지쳐도 약속을 이어가며, 마음보다 의무감으로 관계를 유지하려 한다. 하지만 그렇게 붙잡은 관계일수록 오히려 더 빨리 무너진다.

거리를 둔다는 건 끊어내는 게 아니다.

오히려 관계가 오래가기 위한 숨통을 터주는 것이다. 나도 내 삶을 살아야 하고, 상대도 자기만의 시간을 가져야 한다. 그 여백 속에서 관계는 호흡한다. 나와 상대가 각자의 공간에서 다시 살아내야, 만났을 때 더 깊은 대화를 나눌 수 있다.

## "거리는 단절이 아니라,
## 관계를 오래 지키기 위한 호흡이다."

오랫동안 자주 만나던 친구와 갑자기 일정이 엇갈려 몇 달 동안 보지 못했던 적이 있었다. 처음엔 불안했다. "혹시 멀어진 걸까?" 하지만 다시 만난 자리에서 우리는 예전보다 훨씬 편안하게, 더 깊은 얘기를 나눌 수 있었다. 거리를 두는 동안 서로의 삶이 채워졌고, 그 이야기가 다시 만남을 풍성하게 만들었다.

연인 관계도 그렇다.
서로 하루 종일 연락하지 않아도, 각자 바쁘게 하루를 보내다 밤에 짧게 안부를 나누는 것으로 충분할 때가 있다. 때로는 떨어져 있는 시간이 그리움을 키우고, 다시 만날 때 애정을 더 짙게 만든다. 모든 순간을 붙잡아야만 사랑이 증명되는 것은 아니다.

가족 관계 역시 마찬가지다.
부모와 자식 사이에도 건강한 거리가 필요하다. 독립한 자녀가 자주 연락하지 않는다고 해서 사랑이 줄어든 건 아니다. 오히려 부모가 자녀의 삶을 존중해 줄 때, 자녀는 더 자발적으로 부모를 찾는다.

거리를 두는 게 이별이라는 두려움은, 사실 내 불안의 그림자일 뿐이다.

사랑과 우정은 작은 간격에도 무너지지 않는다. 오히려 진짜 관계는 그 거리를 버텨낸다.

**"거리를 두는 순간, 관계는 시험대에 오른다.
무너지면 인연이 아니었고, 버텨내면 더 단단해진다."**

그러니 거리를 두는 것을 두려워하지 말자.
그건 관계의 끝이 아니라, 관계를 지키는 또 다른 방법일 뿐이다.

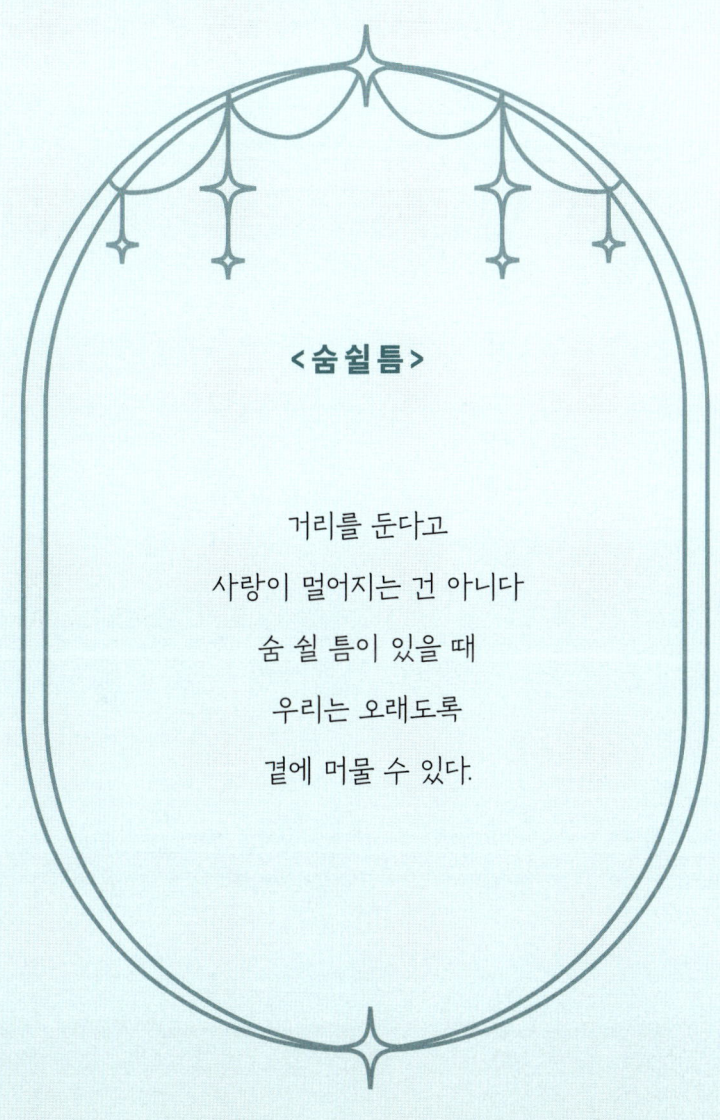

&lt;숨쉴틈&gt;

거리를 둔다고
사랑이 멀어지는 건 아니다
숨 쉴 틈이 있을 때
우리는 오래도록
곁에 머물 수 있다.

# 제9장

...

### 떠나는 사람을
### 붙잡지 않아도 된다

"붙잡는 손보다
놓아주는 손이 더 강하다."

- 헤르만 헤세 (데미안 작가)

# 관계는
# 흘러가는 강물 같다

 관계는 종종 강물과 닮았다.

 어떤 이는 잠시 다리를 건너듯 스쳐 지나가고, 어떤 이는 한동안 같은 물줄기를 따라 흐른다. 하지만 강물은 늘 흘러가듯, 관계 역시 끊임없이 변한다. 가까웠던 사람이 멀어지고, 낯설었던 사람이 어느 순간 곁을 지켜준다. 그 변화는 자연스러운 흐름일 뿐인데도 우리는 자꾸 거슬러 올라가려 한다.

 가까웠던 사람이 멀어질 때, 우리는 본능적으로 붙잡고 싶어진다.

 "왜 예전 같지 않지?" "내가 뭘 잘못한 걸까?" "어떻게든 돌려놔

야겠다." 하지만 관계는 물처럼 흐른다. 억지로 붙잡으려 하면 더 빠르게 손가락 사이로 빠져나가 버린다. 때로는 떠나는 흐름을 인정할 때에만, 관계는 그 고유한 의미를 남긴 채 내 삶 속에 자리할 수 있다.

**"모든 관계는 흘러간다.
영원히 같은 자리에 머무는 인연은 없다."**

한때 매주 모이던 동호회 사람들이 있었다. 같은 취미를 즐기며 밤늦도록 이야기했고, 그 모임이 내 일상의 큰 부분이었다. 그런데 시간이 흐르면서 모임에 나오는 사람도 줄고, 대화의 온도도 달라졌다. 사실 자연스러운 변화였는데, 나는 괜히 그 분위기를 되살리려 애썼다. 그럴수록 부담만 커졌고, 결국 모임은 더 빨리 흩어지고 말았다. 시간이 지나 깨달았다. 억지로 붙잡으려 했던 마음이 오히려 편안한 작별을 가로막았음을.

인연이 흘러간다는 건 빈자리가 생긴다는 뜻이기도 하다.
누군가는 내 곁을 지나가고, 또 다른 누군가는 새로운 모습으로 다가온다. 어떤 관계는 잠시 머물다 떠나고, 어떤 관계는 오래 곁에 남는다. 모든 만남은 각자의 시간을 다하고 나면 흘러가듯 사라지지만, 그 빈자리 덕분에 새로운 인연이 들어올 수 있다.

> "관계는 강물처럼 흐른다.
> 억지로 막지 않을 때,
> 맑은 물결이 다시 찾아온다."

떠나는 사람을 붙잡지 않는다는 건 냉정함이 아니라, 자연스러움을 받아들이는 용기다. 그 순간, 우리는 비로소 알게 된다. 인연의 가치는 '얼마나 오래 함께했느냐'가 아니라, 함께한 시간 동안 어떤 의미를 남겼느냐에 있다는 것을.

# 붙잡음보다 놓아줌이
# 더 큰 용기일 때

우리는 흔히 관계를 지키는 것이 곧 붙잡는 것이라고 믿는다.

멀어지는 사람을 어떻게든 설득하고, 돌아서려는 사람을 붙잡고, 떠나려는 사람을 막아 세우는 게 사랑과 우정의 증거라고 생각한다. 그러나 어떤 순간에는 붙잡음이 관계를 지키는 게 아니라, 오히려 관계를 더 힘들게 만든다.

붙잡음에는 종종 두려움이 숨어 있다.
"이 사람을 잃으면 나는 어떻게 하지?"
"나 혼자가 되면 어떡하지?"
이런 불안 때문에 우리는 집착하듯 손을 놓지 못한다. 하지만 상대는 이미 마음이 떠났거나, 다른 길을 걸으려 하고 있을지도 모른다. 그럴 때 억지로 붙잡는 건 사랑이 아니라 자기 불안의 발로다.

**"사랑은 붙잡음에서 증명되지 않는다.
때로는 놓아주는 게 더 큰 용기다."**

가족과의 관계에서 마음이 멀어지고 있다는 걸 느낀 적이 있었다. 서로에게 지쳐 있다는 걸 알면서도, 나는 더 가까워지려 애쓰며 더 많은 시간을 함께 보내려 했다. 그러나 오히려 그럴수록 갈등은 깊어졌고, 결국 큰 상처만 남았다. 시간이 흐른 뒤에야 깨달았다. 그때 조금 놓아줄 수 있었다면, 우리 사이에는 원망보다 따뜻한 기억이 더 많이 남았을 거라는 것을."

놓아준다는 건 포기가 아니다.
상대의 선택을 존중하고, 그 사람이 더 행복할 수 있는 길을 인정해 주는 것이다. 동시에 내 삶 역시 다시 나답게 살아갈 기회를 얻는 일이다. 붙잡음은 나와 상대 모두를 옭아매지만, 놓아줌은 서로를 자유롭게 한다.

우정도 그렇다.
한때는 하루 종일 붙어 지내던 친구가 시간이 지나며 멀어질 수 있다. 그때 억지로 예전의 친밀함을 강요하기보다, 자연스럽게 거리를 인정하고 각자의 삶을 응원하는 것이 더 건강하다. 붙잡지 않아도, 진짜 인연이라면 다시 돌아오기도 한다.

**"놓아준다는 건 떠남을 허락하는 게 아니라,
서로의 삶을 존중하는 선택이다."**

붙잡음보다 놓아줌이 더 큰 용기일 때가 있다.
그 순간 우리는 비로소 배운다. 관계의 가치는 오래 붙잡는 데서 오는 게 아니라, 함께할 때 진심을 다했느냐에서 온다는 것을.

# 끝은 새로운 시작의
# 다른 이름

우리는 관계의 끝을 두려워한다.

누군가 떠나가면, 그 자리가 영원히 비어 있을 것 같고, 내 삶에 구멍이 난 것처럼 느껴진다. 그래서 끝은 언제나 상실, 실패, 버림의 다른 표현처럼 여겨진다. 하지만 시간이 지나 보면 알게 된다. 끝은 단순한 소멸이 아니라, 다른 시작을 품고 있다는 사실을.

관계가 끝나면 빈자리가 생긴다.

그 자리는 처음에는 공허하고 쓸쓸하다. 하지만 그 공백 덕분에 새로운 만남이 들어올 수 있다. 마치 낡은 가구를 치워야 새 가구를 들일 수 있듯, 관계도 끝이 있어야 새로운 인연이 시작된다.

> **"끝은 닫힘이 아니라,
> 또 다른 열림이다."**

친구라고 믿었던 사람이 사실은 친구가 아니었음을 깨달았을 때, 한동안 마음이 무너져 허전했던 적이 있었다. 그러나 그 시기에 새로운 동료를 만나 진심 어린 우정을 쌓을 수 있었다. 만약 예전의 관계를 억지로 붙잡느라 마음을 닫아두었다면, 새로운 만남은 내 삶에 들어올 수 없었을 것이다.

연인 관계의 끝도 마찬가지다.
이별은 아프지만, 그 끝 덕분에 우리는 새로운 사랑을 만날 준비를 한다. 끝내야만 알게 되는 내 모습, 다시 배우게 되는 사랑의 방식, 더 단단해지는 나 자신. 끝이 있었기에 다음 사랑은 더 성숙해진다.

가족이나 직장, 다양한 인간관계 속에서도 끝은 찾아온다.
이사로 이웃과의 관계가 끝나기도 하고, 이직으로 동료와의 시간이 마무리되기도 한다. 하지만 끝이 곧 '잃음'만은 아니다. 그 끝은 또 다른 환경에서 새로운 관계가 자라날 여백을 만든다.

> **"끝은 상실이 아니라,**

**전환의 다른 이름이다."**

끝을 두려워하지 않아야 한다.

왜냐하면 끝이 있어야 삶은 계속 흘러가기 때문이다. 끝을 받아들이는 순간, 우리는 알게 된다. 관계의 본질은 영원함이 아니라 머무는 동안 얼마나 진심이었는가에 있다는 것을.

그러니 이제 끝은 무너짐이 아니라 새로운 시작의 신호라고 믿어도 좋다.

떠나는 사람을 붙잡지 않아도 괜찮다. 그 자리에 언젠가 또 다른 만남, 또 다른 나, 또 다른 시작이 들어올 테니까.

< 흐르는 강물처럼 >

강물은 흘러간다
잡으려 애쓰지 않아도
떠나는 건 끝이 아니라
새로운 시작으로
나를 이끈다.

# 제4부

## 실패가
## 나를 삼키려 할 때

"실패는 또 다른 방향으로 가라는
삶의 신호일 뿐이다."

- 오프라 윈프리 (방송인, 작가)

# 제10장

⋮

## 다 안 될 때가 있다

"때로는 모든 게 무너져야만
새로 시작할 수 있다."

- J.K. 롤링 (작가)

# 시험, 취업, 연애,
# 다 틀어지는 날들

인생에는 정말 모든 게 동시에 어긋나는 날들이 있다.

시험 준비를 열심히 했는데 결과는 불합격, 수없이 보낸 이력서는 답이 없고, 간신히 이어오던 연애마저 흔들릴 때. 마치 세상이 나를 향해 일부러 문을 닫아버린 것만 같고, 내가 가는 길이 전부 막혀 버린 것 같은 순간. 그런 날엔 괜찮다는 말조차 위로가 되지 않는다.

살다 보면 이런 때가 찾아오는 건 당연하다.

하지만 그 순간의 절망은 언제나 예상보다 크다. 실패 하나만으로도 마음이 무거운데, 여러 가지가 겹치면 '나는 왜 이렇게 안 될

까?', '혹시 내 인생 자체가 잘못된 건 아닐까?'라는 극단적인 생각으로 흘러가기도 한다.

> **"안 되는 날이 있는 게 아니라,
> 안 되는 시기가 있을 뿐이다."**

회사 이직을 위해 노력하던 시절, 연속된 낙방 소식에 지쳐 있을 때 모든 것이 틀어졌다. 애써 태연한 척하려고 했지만 쓰려 오는 마음을 주체할 수 없었다. 그때는 내 삶이 통째로 실패처럼 느껴졌다. 하지만 시간이 지나 다시 돌아보니, 그 시기는 '내가 무너진 시간'이 아니라 '내가 다시 단단해진 시간'이었다.

시험이 안 될 때는, 나의 방향을 점검하는 기회가 된다.
취업이 안 될 때는, 내가 어떤 환경에서 더 빛날 수 있는지를 돌아보게 한다. 연애가 틀어질 때는, 내가 어떤 사랑을 원하는지 더 명확히 알게 해 준다. 다 무너져 보이는 순간은 사실 '다 배우는 순간'이기도 하다.

> **"실패는 무너뜨림이 아니라,
> 멈춰 서서 나를 돌아보라는 신호다."**

중요한 건, 다 안 될 때가 '영원히 안 되는 시간'은 아니라는 것이다.

그 시기는 언젠가 지나간다. 마치 계절이 돌고 돌아 겨울 끝에 봄이 오듯, 실패가 겹치는 날 뒤에도 새로운 시작은 반드시 온다.

그러니 다 틀어지는 날이 찾아왔다고 해서 너무 두려워하지 말자.

그날은 내가 부족해서가 아니라, 인생의 흐름 속에 있는 하나의 파도일 뿐이다. 파도는 나를 집어삼키는 게 아니라, 나를 더 단단히 단련시키는 힘이 된다.

"다 안 되는 날이 있다는 건, 언젠가 다 잘 되는 날도 온다는 뜻이다."

# 실패가
# '내 인생의 낙인'처럼 느껴질 때

실패는 순간의 사건인데, 우리는 종종 그것을 인생 전체의 낙인처럼 받아들인다.

한 번의 시험 낙방이 '나는 무능력한 사람'이라는 결론으로 이어지고, 한 번의 연애 실패가 '나는 사랑받을 수 없는 사람'이라는 자기 규정으로 이어진다. 작은 균열이 내 존재 전체를 흔들어 버리는 것이다.

왜 그럴까?

실패 자체보다 무서운 건 낙인처럼 남는 자기 평가다. "나는 늘 이런 식이야.", "역시 나는 안 되는 사람이야."라는 자기 암시가 실패보다 더 깊은 상처를 남긴다. 결국 실패가 사건이 아니라 정체성으로 굳어버린다.

**"실패는 사건이다.
그런데 우리는 자꾸 그것을 자기 자신과 동일시한다."**

처음 책을 내기 위해 여러 출판사에 연락했지만 연이어 거절 당했을 때, 단순히 '이번에는 안 됐다'라고 생각하지 못했다. 오히려 "나는 글쓰기 능력이 부족한 사람인가 봐"라는 낙인을 스스로 찍어 버렸다. 그 생각은 다음 도전을 주저하게 만들었고, 실패보다 더 큰 실패를 낳았다.

그러나 시간이 지나 알게 되었다.
실패는 '내가 못하는 사람'이라는 증거가 아니라, 단지 그 방식이 맞지 않았음을 알려주는 신호였다는 걸. 내가 어떤 길에서 빛나는지 알려주기 위해 필요한 과정이었다는 걸. 실패를 낙인으로 보지 않자, 비로소 다시 시도할 힘이 생겼다.

**"실패는 내 존재를 정의하지 않는다.
다만 나를 더 잘 알게 해 주는 과정일 뿐이다."**

실패가 낙인처럼 느껴질 때, 이렇게 스스로에게 말해 보자.

"나는 실패한 사람이 아니라, 실패를 경험한 사람이다."

단어 하나가 다르지만, 의미는 완전히 바뀐다. 실패는 나의 일부일 뿐이지, 나의 전부가 아니다.

# 아무 일도 못 하는
# 나를 용서하기

살다 보면 정말로 아무 일도 못 하는 날이 있다.

해야 할 일을 머릿속으로는 수없이 되뇌면서도 몸은 움직이지 않고, 눈앞의 작은 일조차 손에 잡히지 않는다. 책상 앞에 앉아도 집중이 되지 않고, 약속조차 나가기 버거운 날. 그런 날의 나는 무기력이라는 이름으로 나 자신을 더 깊이 몰아넣는다.

문제는 무기력 그 자체가 아니다.

그 무기력을 받아들이지 못하는 마음이 우리를 더 힘들게 한다. "왜 이렇게 아무것도 못 하지?", "나는 왜 이렇게 게으를까?"라는 자책이 무기력보다 더 큰 짐이 된다. 결국 아무 일도 못 하는 게 문제가 아니라, 아무 일도 못 하는 나를 미워하는 게 문제다.

**"무기력은 지나가는 구름이고,
자기혐오는 스스로를 가두는 족쇄다."**

 익숙한 동네를 떠나 새로운 도시로 이사 온 뒤, 며칠 동안은 아무 것도 할 수 없었다. 낯선 거리, 모르는 사람들, 처음 마주하는 풍경 속에서 "이곳에서 나는 잘 살아갈 수 있을까?"라는 불안이 몰려왔다. 그러나 그 무기력은 영원이 아니었다. 몸과 마음이 새로운 환경에 적응하기 위해 잠시 숨을 고른 시간이었을 뿐이다. 그 시간을 통과한 뒤에야 조금씩 동네의 길이 익숙해지고, 새로운 일상이 시작될 수 있었다.

 아무 일도 못 하는 나를 용서한다는 건, 스스로에게 잠시 쉬어갈 권리를 주는 일이다. 모두가 달리고 있다고 해서 나도 계속 달려야 하는 건 아니다. 잠시 멈춘다고 해서 인생이 끝나는 것도 아니다. 오히려 멈춤을 인정할 때, 우리는 다시 움직일 힘을 얻는다.

**"아무 일도 못 하는 날도 괜찮다.
그것마저도 내 삶의 일부이니까."**

자책 대신 이렇게 말해 보자.

"오늘은 내가 못 하는 날이구나. 괜찮아, 내일은 달라질 수 있어."

그 말 한마디가 스스로를 무너뜨리는 자책에서, 스스로를 다시 세우는 용기로 바뀐다.

아무 일도 못 하는 나를 용서할 때, 나는 실패가 아니라 회복의 길 위에 서게 된다.

< 무너진 자리 >

모든 게 틀어지는 날

나는 무너졌지만

무너진 자리에서

내가 다시 자랐다.

# 제11장

⋮

## 실패가
## 알려주는 것들

"실패는 단순한 지연이지
패배가 아니다."

- 데니스 웨이트리 (자기계발 작가)

# 실패는
# 무너뜨림이 아니라 안내판

우리는 실패를 만나면 가장 먼저 이렇게 생각한다.

"나는 무너졌다."

하지만 조금만 다른 시선으로 바라보면 알 수 있다. 실패는 무너뜨리기 위한 것이 아니라, 길을 알려주는 안내판일 때가 많다.

어떤 길이 막히는 건, 그 길이 전부가 아니기 때문이다.

시험에 떨어졌다는 건, 내가 준비가 부족했음을 알려주는 동시에 다른 길을 보라는 신호일 수도 있다. 연애가 끝났다는 건, 나에게 더 맞는 사랑의 방식을 찾아야 한다는 뜻일 수 있다. 실패는 내 존재를 부정하는 게 아니라, 내가 가야 할 방향을 다시 보여주는 표지판이다.

**"실패는 막다른 길이 아니라,
새로운 길로 이끄는 화살표다."**

처음 사회생활을 시작하며 들어간 직장에서 큰 좌절을 겪고 그만둔 적이 있었다. 그때는 세상이 끝난 것 같았지만, 돌이켜 보면 그 실패 덕분에 나는 내 적성에 맞는 다른 분야를 발견할 수 있었다. 만약 그 실패가 없었다면, 나는 여전히 나에게 맞지 않는 길에서 억지로 버티고 있었을지 모른다.

실패를 안내판으로 받아들이는 순간, 우리는 덜 두려워진다.
실패가 내 능력을 부정하는 게 아니라, 더 나은 길을 찾으라고 알려주는 과정임을 알게 되면, 실패는 적이 아니라 동반자가 된다.

물론 실패의 순간에는 앞이 잘 보이지 않는다.
하지만 시간이 조금 흐른 뒤, 그때의 실패가 나를 어디로 이끌었는지 돌아보면 알게 된다. "아, 그 길이 막히지 않았다면 나는 지금 이 자리에 올 수 없었겠구나."

**"실패는 나를 쓰러뜨리는 게 아니라,**

**내가 가야 할 길을 새겨 주는 표지판이다."**

그러니 실패 앞에서 좌절하기보다 이렇게 물어보자.
"이 실패가 나에게 무엇을 알려주고 있지?"
그 질문이야말로 실패를 안내판으로 바꾸는 첫걸음이다.

# 멈춘 길 끝에서 발견하는
# 다른 길

우리는 인생이 직선처럼 뻗어 있기를 바란다.

계획한 대로, 노력한 만큼, 원하던 방향으로 쭉 나아가기를 기대한다. 그런데 어느 순간, 그 길이 갑자기 막혀 버린다. 합격할 거라 믿었던 시험에서 떨어지고, 잘 될 줄 알았던 일이 무산되고, 믿었던 관계가 끝나 버릴 때. 길이 끊긴 자리에서 우리는 멍하니 서서 이렇게 생각한다.

"이제 나는 끝났다."

하지만 길이 멈추는 순간은, 사실 다른 길이 시작되는 순간이다. 우리는 직선만 상상하지만, 인생은 원래 여러 갈래로 뻗어 있다.

지금 보이지 않을 뿐, 멈춘 지점 옆에는 늘 다른 길이 숨어 있다. 다만 실패라는 벽 앞에 멈추지 않았다면, 그 길을 볼 기회조차 없었을 것이다.

### "길이 끊어지는 자리에, 새로운 길이 열린다."

오랫동안 준비한 원고가 결국 출간되지 못한 적이 있었다. 모든 글이 쓸모없어 보이고, 꿈도 무너진 듯했다. 그러나 시간이 지나고 보니, 그 좌절은 오히려 나를 더 깊이 쓰게 만들었다. 새롭게 쓰기 시작한 글에서 이전보다 진솔한 나를 발견할 수 있었다. 만약 첫 원고만 붙잡고 있었다면, 나는 글쓰기의 또 다른 즐거움을 몰랐을지도 모른다. 실패가 있었기에 새로운 문장이 태어났다.

무너진 길 끝에서 발견하는 또 다른 길은, 때로는 더 나다운 길일 때가 많다.

실패가 아니었다면 알지 못했을 기회, 좌절이 아니었다면 만날 수 없던 가능성. 그래서 사업의 실패는 끝이 아니라, 방향을 바꾸라는 전환점이다.

### "실패는 나를 돌려세워,

**내가 진짜 가야 할 길을 보여준다."**

그러니 길이 멈췄다고 해서 좌절하지 말자.

그 끝은 진짜 끝이 아니다. 조금 눈을 돌려 보면, 지금까지 보지 못했던 길이 열려 있다. 언젠가 뒤돌아보면 이렇게 말할지도 모른다.

"그 길이 막히지 않았다면, 나는 이 길을 찾지 못했을 거야."

# 실패 속에서
# 나를 더 잘 알게 되는 순간

실패는 괴롭다.

하지만 그 괴로움 속에는 내가 나 자신을 더 깊이 들여다볼 수 있는 기회가 숨어 있다. 성공은 종종 우리를 들뜨게 하지만, 실패는 우리를 멈춰 세워 내 안을 바라보게 한다.

시험에 떨어졌을 때, 취업이 좌절되었을 때, 사랑이 끝났을 때…

처음엔 세상이 무너진 것처럼 느껴진다. 그러나 시간이 지나면 알게 된다. 실패가 아니었다면 나는 몰랐을 내 모습, 내 약점, 내 진짜 바람이 그 안에서 드러난다는 것을.

**"실패는
내가 누구인지 보여주는 거울이다."**

하고 싶다고만 생각했던 일을 실제로 도전했다가 큰 실패를 겪은 적이 있다. 그 후 스스로에게 묻지 않을 수 없었다. "나는 왜 이 일을 하고 싶었던 걸까? 정말 이 길이 내 꿈이 맞을까?" 그 질문 끝에서 깨달았다. 내가 원한 건 그 일 자체가 아니라, 그 일을 통해 얻고 싶었던 다른 가치였다는 것을. 실패가 아니었다면 평생 오해한 채 살았을지도 모른다.

실패는 내 한계를 보여주기도 하지만, 동시에 내 가능성을 드러내기도 한다.

할 수 없는 것과 할 수 있는 것을 분명히 가르며, 내가 어떤 상황에서 무너지고 어떤 상황에서 다시 일어나는지를 알려 준다. 그래서 실패를 겪은 뒤의 나는, 실패 이전의 나보다 훨씬 더 나를 잘 아는 사람이 된다.

**"성공은 나를 자랑스럽게 하지만,
실패는 나를 더 정확히 알게 한다."**

결국 실패는 나를 무너뜨리는 게 아니라, 나를 깊어지게 한다.

남들이 보는 화려한 성취보다, 실패 속에서 만난 진짜 내가 더 큰 힘이 된다. 실패를 겪은 뒤에야, 나는 내가 어떤 사람인지, 어떤 길을 가야 하는지 더 명확히 알 수 있다.

그러니 실패를 두려워하지 말자.
실패 속에서 만나는 나는, 언제나 더 단단하고 더 진실한 나다.

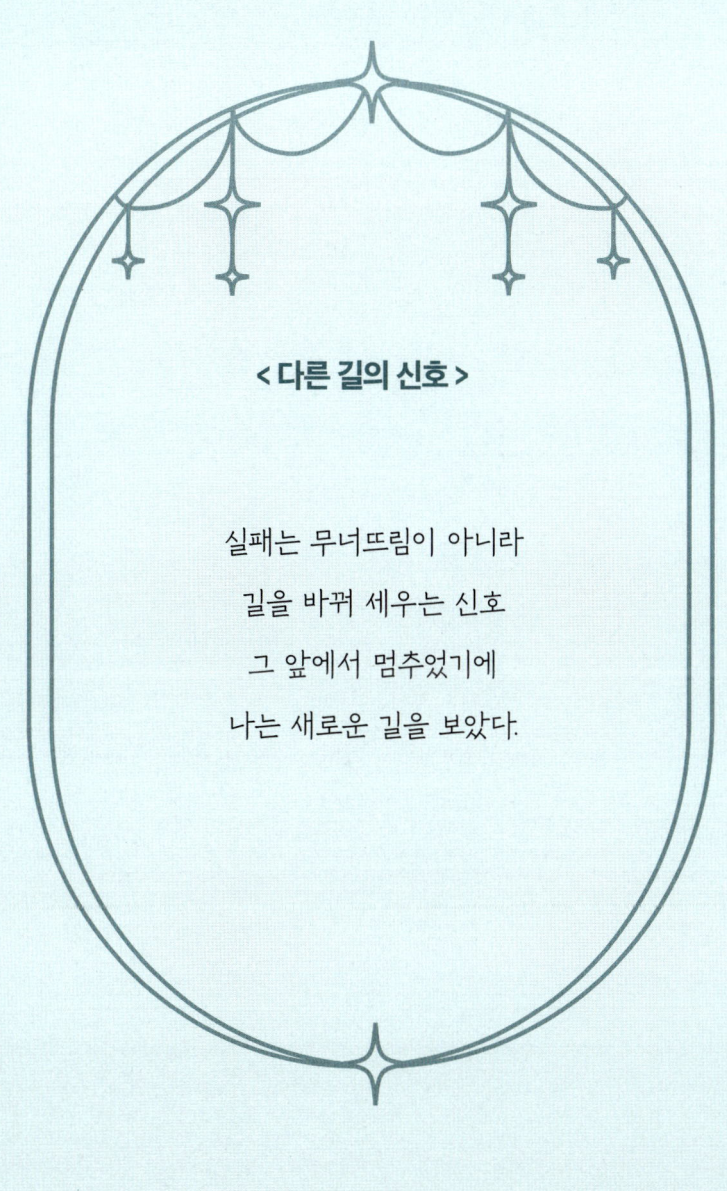

< 다른 길의 신호 >

실패는 무너뜨림이 아니라

길을 바꿔 세우는 신호

그 앞에서 멈추었기에

나는 새로운 길을 보았다.

# 제12장

⋮

## 다시 시작할 힘은
## 내 안에 있다

"내 안에는 내가 생각하는 것보다
더 큰 힘이 숨어 있다."

- 엘리너 루즈벨트 (미국 전 퍼스트레이디, 인권운동가)

## 바닥에서 솟아나는 의지

삶에서 가장 힘든 순간은 바닥에 닿았다고 느낄 때다.

더는 내려갈 곳이 없고, 다시 일어설 힘조차 없는 것 같을 때. 하지만 아이러니하게도, 그 바닥에서야 비로소 새로운 의지가 솟아난다. 끝까지 떨어져 본 사람만이 안다. 바닥은 추락의 끝이 아니라, 다시 뛰어오를 수 있는 단단한 지점이라는 것을.

처음엔 믿기 어렵다.

실패와 좌절 속에서 몸과 마음이 무너질 때는, 그 어떤 위로도 와닿지 않는다. 하지만 시간이 조금 지나면 알게 된다. 가장 깊은 절망 속에서 "이대로는 안 되겠다"라는 작은 목소리가 생겨난다는 것을. 바로 그 순간이 다시 시작의 출발점이다.

> **"바닥은 끝이 아니라,
> 다시 일어나는 땅이다."**

사업이 연달아 실패하고, 함께하던 사람들까지 하나둘 떠나가면서 모든 게 무너진 것 같던 시절이 있었다. 하루 종일 사무실 불을 켜지 못한 채, 아무 일도 하지 못하고 앉아만 있었다. 그런데 이상하게도 어느 날, 작은 아이디어 하나가 다시 마음을 두드렸다. 아무도 강요하지 않았지만, 나는 그 메모를 꺼내 사업계획서를 다시 써 내려가기 시작했다. 그 순간 깨달았다. 나는 완전히 끝난 게 아니라, 여전히 다시 일어서려는 마음이 내 안에 살아 있다는 것을.

바닥은 우리를 시험하는 공간이 아니다.
바닥은 우리가 스스로의 의지를 발견하는 자리다.
정상에 있을 때는 몰랐던 내 내면의 힘, 아무도 믿어주지 않아도 스스로를 다시 일으키는 힘. 그 힘은 바닥에 닿아 본 사람만이 만날 수 있다.

> **"진짜 의지는 성공의 정점이 아니라,
> 실패의 바닥에서 태어난다."**

그러니 지금 바닥에 있다고 해서 절망하지 말자.

그 자리는 끝이 아니라 새로운 출발선이다. 넘어지고 부서져도, 바닥에 닿은 순간 우리는 알게 된다. 내 안에 아직도 일어서려는 힘이 살아 있다는 것을.

# 작게
# 다시 시작하는 법

다시 시작한다고 하면 우리는 종종 거창한 그림을 떠올린다.

무너진 자리에서 단번에 성공해야 하고, 모두를 놀라게 할 만큼 크게 일어서야 한다고 생각한다. 하지만 현실은 그렇지 않다. 무너진 뒤의 시작은 언제나 작은 걸음에서 출발한다.

크게 시작하려는 마음은 오히려 다시 나를 압박한다.
"이번엔 반드시 성공해야 해."
"다시는 실패하면 안 돼."
이런 부담은 나를 위축시키고, 결국 다시 멈추게 만든다. 반대로, 아주 작은 것부터 시작할 때 마음은 가벼워지고, 비로소 다시 나아갈 수 있다.

> **"다시 시작은 거대한 도약이 아니라,
> 작은 발걸음에서 시작된다."**

큰 좌절을 겪고 아무것도 할 수 없을 때, 매일 해야 할 일을 정리하는 대신 단 한 가지, '아침에 일어나 이불 개기'만을 목표로 삼았다. 처음에는 그 작은 습관이 무슨 의미가 있을까 싶었다. 그러나 일주일, 한 달이 지나자 조금씩 삶의 리듬이 돌아왔고, 다른 일들도 해낼 수 있는 힘이 생겼다. 작은 시작이 결국 나를 다시 움직이게 한 것이다.

작게 시작하는 법은 거창하지 않다.
하루에 한 장 책 읽기, 짧게 일기 쓰기, 방 한 구석 정리하기, 간단히 운동하기. 이런 사소한 행동들이 다시 시작의 씨앗이 된다. 작은 성취가 쌓일수록 자존감이 회복되고, 그 힘으로 조금 더 큰 걸음을 뗄 수 있다.

> **"무너진 삶은 거대한 결심이 아니라,
> 작은 습관으로 다시 일어난다."**

작게 다시 시작하는 건 실패를 두려워하지 않게 만든다.

작은 목표는 실패해도 부담이 없고, 금세 다시 시도할 수 있다. 그 반복 속에서 점점 더 단단해진다.

그러니 지금 아무것도 할 수 없다고 느껴진다면, 가장 작은 것부터 시작하자.

그 작은 걸음이 쌓여 언젠가 큰 길이 된다.

# "오늘도 버틴 나, 잘했다"는 고백

우리는 늘 눈에 띄는 성취만 칭찬한다.

시험에 합격해야, 취업에 성공해야, 좋은 성과를 내야 "잘했다"라는 말을 듣는다. 하지만 사실 가장 위대한 성취는 오늘 하루를 버틴 것일지도 모른다. 눈부신 성과는 없어도, 무너지고 싶은 마음을 붙잡고 하루를 살아냈다는 사실. 그것만으로도 충분히 박수 받을 이유가 된다.

살다 보면 하루를 버티는 것조차 쉽지 않은 날들이 있다.

이불 속에서 일어나기조차 힘들고, 사람을 만나는 게 두렵고, 작은 일에도 눈물이 나는 날. 그럼에도 불구하고 그 하루를 끝까지 버텨냈다면, 그것은 이미 큰 성취다. 그러나 우리는 그런 자신에게 "잘했다"라고 말하기보다, *"난 왜 이것밖에 못 하지?"*라는 자책을 먼저 내뱉는다.

### "오늘을 버틴 건
### 내 인생의 가장 큰 성과다."

심하게 지쳐 있던 시절, 아무 일도 하지 못하고 하루를 보낸 적이 있었다. 그날 밤, 일기장에 이렇게 적었다. "오늘은 그냥 버텼다. 하지만 버텼으니 다행이다." 그 짧은 문장을 쓰며 울컥했다. 그날 이후로 알게 되었다. 버틴 것만으로도 충분히 '잘한 하루'라는 걸.

버틴다는 건 단순히 시간을 흘려보내는 게 아니다.
포기하지 않고 내 자리에 머물렀다는 뜻이고, 무너지고 싶어도 끝까지 살아냈다는 의미다. 오늘을 버텨냈기에, 내일을 맞이할 수 있다. 오늘 하루를 버틴 나에게 "잘했다"라고 말하는 건, 내일을 살아갈 힘을 미리 불어넣는 일이다.

### "잘한 건 오늘을 살아낸 나,
### 그 사실 하나만으로 충분하다."

그러니 오늘도 스스로에게 고백해 보자.

"나는 오늘도 버텼다. 잘했다."

그 고백은 남이 해 주는 위로보다 더 큰 힘이 되어, 다시 내일을 살아갈 용기를 줄 것이다.

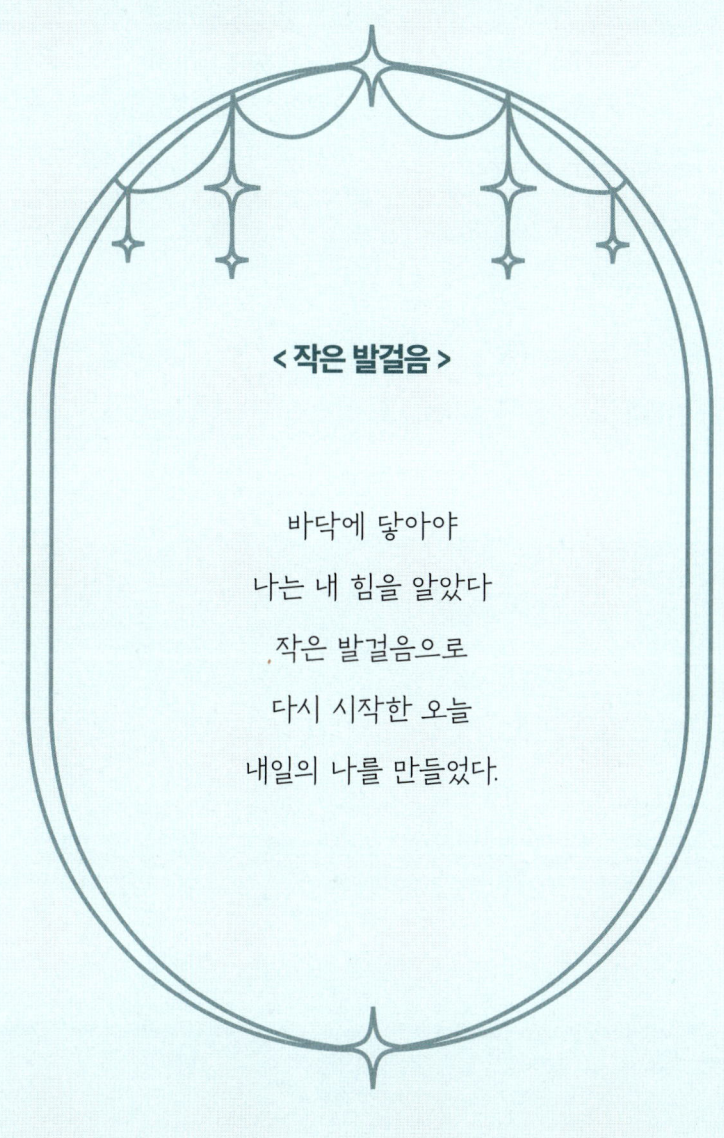

< 작은 발걸음 >

바닥에 닿아야
나는 내 힘을 알았다
작은 발걸음으로
다시 시작한 오늘
내일의 나를 만들었다.

# 제5부

## 결국, 나는 나로 괜찮다

"당신 자신이 되라.
다른 사람은 이미 존재하니까."

- 오스카 와일드 (영국 극작가, 시인)

# 제13장

∴

## 세상이 정해 놓은 정답 말고

"타인의 기대가 아닌,
자기 삶의 주인이 되어라."

- 스티브 잡스 (애플 공동창립자)

# 성공 공식에
# 맞추지 않아도 된다

　우리는 어릴 때부터 정해진 성공 공식을 따라야 한다는 압박 속에 살아왔다.
　좋은 학교에 가고, 안정적인 직장을 얻고, 결혼하고, 집을 마련하고… 세상이 말하는 '정답'을 따라가는 것이 곧 행복으로 이어진다고 믿도록 학습되어 왔다. 그러나 어느 순간 깨닫는다. 그 공식은 모두에게 맞는 옷이 아니며, 내 삶을 설명해 주지도 않는다는 것을.

　공식은 편리하다.
　누군가가 미리 그려 놓은 길을 따라가면 불안은 줄어든다. 하지만 동시에 그 공식은 나만의 삶을 지워 버린다. 공식에 맞추어 살아가다 보면, 정작 나는 무엇을 원하고 어떤 순간에 행복을 느끼는지 조차 알지 못한 채 살아가게 된다.

### "세상의 공식은 편안하지만,
### 내 삶의 답은 불편할 만큼 나만의 것이다."

한때 나는 남들이 정해 놓은 길을 그대로 따라가야 한다고 생각한 적이 있었다. 하지만 마음 한구석에서는 전혀 다른 길을 원하고 있었다. 결국 용기를 내어 남들과 다른 선택을 했을 때, 비로소 알았다. 남들이 정한 성공이 아니라, 내가 원하는 삶을 살아갈 때 느껴지는 충만함이 있다는 것을.

세상이 정해 놓은 성공의 공식에 맞추지 않아도 괜찮다.
남들보다 늦을 수도 있고, 다르게 보일 수도 있다. 하지만 중요한 건 내 삶의 만족도다. 다른 이들의 시선에 맞춰 사는 삶은 오래 버틸 수 없지만, 내 마음에 맞는 삶은 비록 더딜지라도 오래도록 나를 지탱해 준다.

### "진짜 성공은 세상이 그려 준 답안지에 있는 게 아니라,
### 내가 써 내려가는 내 답에 있다."

그러니 더 이상 공식에 나를 끼워 맞추려 하지 말자.

그 공식에서 벗어난다고 해서 실패자가 되는 게 아니다. 오히려 그때부터 내 삶은 시작된다. 내가 원하는 방식으로 살아가는 순간, 이미 나는 충분히 성공한 사람이다.

# 정답이 아니라
# 내 답을 찾아가는 길

우리는 늘 정답을 찾아왔다.

시험에는 정답이 있었고, 인생에도 정답이 있을 거라 믿었다. 좋은 대학, 안정적인 직장, 남들이 부러워하는 조건들. 마치 그 길만이 옳은 해답인 듯 우리를 몰아붙였다. 하지만 인생은 시험지가 아니다. 인생에는 하나의 정답이 있는 게 아니라, 각자 다른 나만의 답이 있다.

정답을 좇는 삶은 안심을 준다.

"이 길이 맞다."라는 확신 속에서 흔들림이 줄어든다. 하지만 동시에 그 확신은 나를 속박한다. 정답이 아닌 길에 서 있는 순간, 나는 실패자처럼 느끼고, 나답게 살 용기를 잃는다. 그러나 조금만 멈춰 서서 생각해 보면 알 수 있다. 정답은 애초에 존재하지 않는다는 것을.

> **"인생은 정답을 맞히는 시험이 아니라,
> 나만의 답을 써 내려가는 과정이다."**

많은 사람들이 안정적인 직장과 확실한 길을 선택하던 시기에, 나는 내 마음이 끌리는 사업의 길을 택했다. 주변에서는 무모하다며 걱정했지만, 시간이 지날수록 확신이 커졌다. 그 길이 옳았던 이유는 남들이 성공 공식이라 말했기 때문이 아니라, 내가 그 과정에서 만족과 성장을 느꼈기 때문이다.

사업의 길은 더디고 불안하다.
그러나 그 길 위에서만 나는 '내가 살아 있다'는 실감을 얻는다. 실패도, 방황도, 모두 내가 사업을 통해 내 답을 찾아가는 과정의 일부다. 안정된 답을 좇는 삶에서는 실패가 낙오가 되지만, 내 길을 개척하는 사업의 삶에서는 실패조차 배움이 된다.

> **"정답은 남들이 말해 주는 것이고,
> 내 답은 내가 살아내며 써 내려가는 것이다."**

그러니 이제 정답의 강박을 내려놓자.

누군가가 정해 준 길을 따르지 않아도 괜찮다. 내가 걸으며 만들어 가는 그 길이, 곧 내 답이다. 그리고 그 답은 오직 나만이 쓸 수 있는 가장 소중한 이야기다.

# 나의 삶을
# 설계하는 힘

우리는 흔히 인생이 이미 정해진 설계도처럼 존재한다고 믿는다.

좋은 학교 → 좋은 직장 → 안정된 가정.

마치 그 순서를 따라가야만 안전한 집이 지어지는 것처럼. 하지만 인생은 남이 그려준 설계도를 완성하는 일이 아니다. 인생은 내가 직접 내 도면을 그려 가는 집 짓기와 같다.

물론 남들이 만들어 놓은 설계도는 편하다.

따라가기만 하면 되니까. 그러나 그 설계는 결코 내 삶을 담아내지 못한다. 내가 원하는 창문의 위치, 내가 좋아하는 색깔, 내가 숨 쉬고 싶은 공간은 남이 대신 정해 줄 수 없다. 그것은 오직 내가 설계할 때 비로소 만들어진다.

> **"내 삶의 설계자는
> 부모도, 사회도, 세상도 아니다. 오직 나다."**

처음 사회생활을 시작했을 때, 안정적이고 남들이 부러워하는 길을 갔었지만, 그 안에서 나는 점점 내 목소리를 잃어 갔다. 그러다 용기를 내어 삶의 방향을 바꿨을 때, 두려움도 있었지만 동시에 처음으로 내 삶을 내가 지어 나간다는 감각을 얻었다. 그때 느꼈다. 남이 지어준 집은 아무리 화려해도 내 집이 될 수 없다는 것을.

삶을 설계한다는 건, 큰 그림을 완벽히 그리는 게 아니다.
때로는 수정하고, 고치고, 다시 짓기도 한다. 벽을 허물고 창을 내듯, 내 삶도 언제든 다시 바꿀 수 있다. 중요한 건 완벽한 설계도가 아니라, 내가 원하는 방향으로 설계하고 있다는 주체성이다.

> **"삶의 가치는 완성된 모양이 아니라,
> 내가 직접 설계하며 살아간 과정에 있다."**

남이 정해 놓은 공식을 따르지 않아도 괜찮다.
내가 원하는 방식으로, 내 속도대로, 내 답을 찾아 설계해 나갈 때, 그 삶은 비로소 나다운 집이 된다. 그리고 그 집 안에서만 나는 편안히 쉴 수 있다.

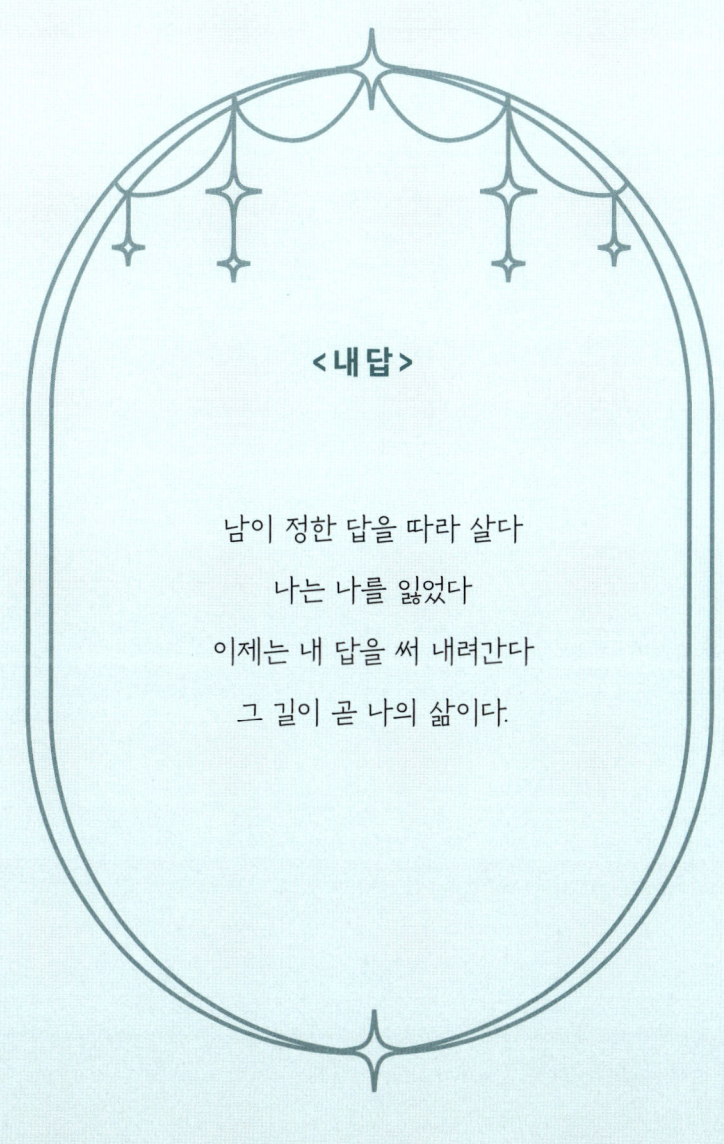

### <내 답>

남이 정한 답을 따라 살다
나는 나를 잃었다
이제는 내 답을 써 내려간다
그 길이 곧 나의 삶이다.

# 제14장

⋮

## 느려도 괜찮은 이유

"인생은
속도가 아니라 방향이다."

- 마하트마 간디 (인권운동가)

# 인생은 마라톤,
# 누가 먼저 달리는지가 전부가 아니다

우리는 어릴 때부터 늘 '속도'로 평가받았다.

누가 더 빨리 문제를 풀었는지, 누가 더 일찍 좋은 성과를 냈는지, 누가 남들보다 먼저 앞서 나갔는지. 그래서 인생도 마치 단거리 달리기처럼, 앞서야만 가치 있는 것처럼 여겨왔다. 하지만 인생은 단거리가 아니라 마라톤이다. 중요한 건 누가 먼저 출발했는지가 아니라, 끝까지 내 리듬을 지키며 달릴 수 있는가다.

마라톤에서 가장 위험한 건 초반에 속도를 내다 지쳐 버리는 것이다.

남들보다 앞서겠다는 욕심으로 힘을 다 써 버리면, 끝까지 달릴 수 없다. 인생도 그렇다. 누군가는 스무 살에 원하는 걸 이루고, 누군가는 마흔에야 비로소 꽃을 피운다. 중요한 건 시점의 빠르기가 아니라, 그 길을 끝까지 내 걸음으로 완주하는 것이다.

**"인생은 순위 경쟁이 아니라,
각자의 페이스로 달리는 긴 여정이다."**

주변 사람들이 모두 빠르게 성공적인 길을 찾을 때, 나만 뒤처진 것 같아 조급했던 적이 있었다. 그러나 시간이 지나 보니, 그때의 느린 걸음이 오히려 나를 단단하게 만들었다. 빨리 달린 사람들 중엔 지쳐 멈춘 이들도 있었지만, 나는 내 리듬을 찾았기에 지금까지 꾸준히 걸을 수 있었다.

인생에서 '먼저'라는 건 큰 의미가 없다.
앞서간 사람도 언젠가는 멈출 수 있고, 늦게 출발한 사람도 끝까지 완주할 수 있다. 마라톤의 목적이 결승선에 도달하는 것처럼, 인생의 목적도 결국 나답게 완주하는 것이다.

**"누가 먼저가 아니라,
어떻게 끝까지 가느냐가 중요하다."**

그러니 지금 조금 늦는다고, 다른 이보다 뒤처진다고 불안해하지 말자.

인생은 길고, 우리의 걸음은 각자 다르다. 조급함 대신 나만의 리듬을 지킬 때, 비로소 인생은 오래 달릴 수 있는 여정이 된다.

# 내 리듬, 내 속도,
# 내 방식

세상은 늘 빠르다.

더 빨리, 더 많이, 더 크게 성취하라고 우리를 재촉한다. 그래서 나도 모르게 남들의 속도에 나를 맞추려 애쓴다. 하지만 그럴수록 호흡은 가빠지고, 삶은 내 것이 아닌 것처럼 느껴진다. 결국 지쳐 쓰러져서야 알게 된다. 인생은 남의 속도를 따라가는 경주가 아니라, 내 리듬과 속도를 지켜가는 여성이라는 것을.

리듬이란 단순히 '빠르다, 느리다'의 문제가 아니다.

내가 언제 집중이 잘 되는지, 어떤 방식으로 일할 때 즐거운지, 어떤 사람들과 있을 때 가장 나다워지는지. 이 모든 게 모여서 나만의 리듬을 만든다. 그 리듬을 무시하고 남들의 박자에 발을 맞추면, 삶은 언제나 불협화음처럼 어긋나 버린다.

**"남들의 박자가 아니라,
내 심장이 뛰는 박자에 맞춰 살아야 한다."**

모두가 앞만 보고 달리는 분위기 속에서, 나만 잠시 멈추어 내 방식대로 공부하고 일했던 때가 있었다. 처음엔 뒤처지는 것 같아 불안했지만, 시간이 지나자 내 속도에서 오는 안정감이 얼마나 큰 힘이 되는지 깨달았다. 나를 지키며 나아갔기에 결국 꾸준히 이어갈 수 있었고, 그것이 오히려 가장 큰 성과로 이어졌다.

내 방식대로 산다는 건 무책임하게 산다는 게 아니다.
오히려 스스로를 더 잘 알기에 가능한 삶이다. 나는 어떤 길에서 행복한지, 어떤 속도가 나를 숨 막히게 하는지 분명히 아는 것. 그 자기 이해가 있을 때, 비로소 흔들리지 않고 내 길을 걸을 수 있다.

**"인생의 진짜 완주는 남들과 같은 속도가 아니라,
나만의 속도로 걷는 데서 시작된다."**

세상이 정한 속도에 휘둘리지 말자.

내 리듬, 내 속도, 내 방식으로 걸어가는 순간, 비로소 삶은 남과의 비교가 아닌 나만의 음악이 된다.

# 천천히 걷는 사람만이
# 볼 수 있는 풍경

빠르게 달리는 사람은 멀리 가지만, 그 길 위의 작은 풍경을 놓치기 쉽다.

반면, 천천히 걷는 사람은 비록 늦더라도 그 길 위의 꽃을 보고, 바람을 느끼고, 작은 기쁨을 발견한다. 인생도 그렇다. 빠름이 능사가 아니다. 오히려 천천히 걸을 때에만 보이는 것들이 있다.

우리는 자꾸만 남들의 속도와 비교한다.

누군가는 벌써 앞서가 있는데, 나는 아직 여기 있는 것 같아 불안하다. 하지만 그 불안에 쫓겨 달리기 시작하면, 결국 내가 진짜 원했던 것을 놓친다. 나답게 살아야 할 시간을, 소중한 관계를, 일상의 소소한 행복을 보지 못한 채 지나쳐 버린다.

### "인생의 풍경은
### 속도를 늦출 때 비로소 보인다."

바쁘게 달리던 시절, 늘 성취만 좇느라 주변을 돌아볼 겨를이 없었던 적이 있었다. 그러다 의도치 않게 잠시 멈추게 되었을 때, 오히려 잊고 있던 것들을 발견했다. 오래된 친구의 안부, 계절이 바뀌는 공기, 내 마음이 원하는 진짜 삶. 빠를 때는 보지 못했던 풍경들이, 느려졌기에 내 눈에 들어왔다.

천천히 걷는다는 건 뒤처지는 게 아니다.
그건 내가 내 삶을 음미하며 살아가고 있다는 증거다. 빠르게 달리는 사람은 결승선을 향해 달려가지만, 천천히 걷는 사람은 길 자체를 살아낸다. 그리고 결국 인생은 결승선이 아니라, 그 길 위에서 무엇을 보았고 어떤 마음으로 걸었느냐가 더 중요한 여정이다.

"속도를 늦춘 사람만이 풍경을 품고, 그 풍경이 삶을 더 단단하게 만든다."

그러니 지금 내 걸음이 느리다고 불안해하지 말자.

천천히 걷는 이에게만 보이는 풍경이 있다. 그것은 빨리 가는 이가 결코 가질 수 없는, 삶의 가장 깊은 선물이다.

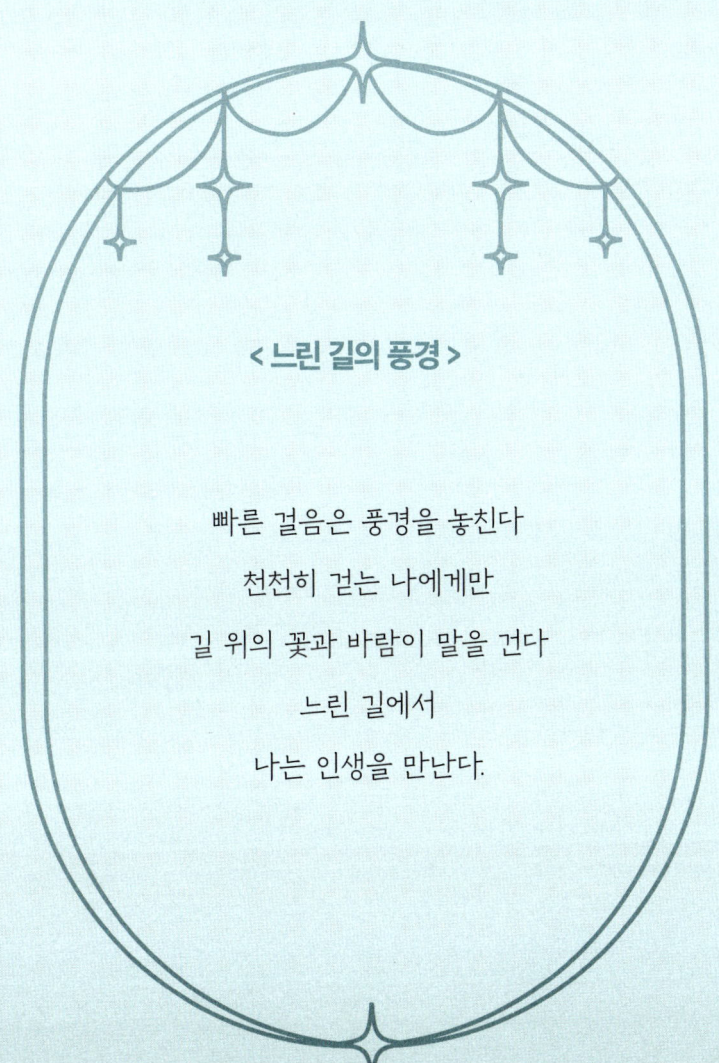

< 느린 길의 풍경 >

빠른 걸음은 풍경을 놓친다
천천히 걷는 나에게만
길 위의 꽃과 바람이 말을 건다
느린 길에서
나는 인생을 만난다.

# 제15장

⋮

## 작은 기쁨이 나를 살린다

"행복은 크지 않다.
아주 작은 것들이 모여 우리를 살린다."

- 버지니아 울프 (작가)

# 일상에서 발견하는
# 소확행

우리는 흔히 행복을 거창한 것에서 찾으려 한다.

큰 성취, 남들이 부러워하는 결과, 한 번에 인생을 바꿔줄 사건 같은 것들. 하지만 그런 행복은 생각보다 드물게 찾아온다. 그래서 늘 목마르고, 늘 부족한 것처럼 느껴진다. 그러나 진짜 삶을 지탱하는 건 거대한 성공이 아니라, 매일의 사소한 순간에 숨어 있는 **작은 행복(소확행)**이다.

아침 햇살이 창문으로 들어올 때,
따뜻한 커피 한 잔을 홀로 음미할 때,
친구의 짧은 안부 문자에 미소 지을 때.

이런 순간들은 크지 않지만, 마음을 가볍게 하고 삶을 다시 살아낼 힘을 준다.

**"소확행은 삶의 빈틈을 메우는
작은 빛이다."**

큰 실패로 마음이 무너져 있을 때, 매일 저녁 집 앞을 산책하며 작은 꽃을 보는 게 유일한 위로였던 적이 있다. 그 꽃이 내 삶을 바꿔주지는 않았지만, '오늘 하루도 살아갈 수 있겠다'는 마음을 조금씩 심어주었다. 그 작은 순간들이 쌓여, 결국 무너진 내 삶을 다시 세울 수 있는 힘이 되었다.

행복은 크지 않아도 된다.
오히려 작을수록 더 자주, 더 쉽게 찾을 수 있다. 거창한 목표를 이루어야만 행복해진다고 믿는 순간, 우리는 현재를 놓친다. 그러나 작은 기쁨을 발견할 줄 아는 사람은 언제 어디서든 행복할 수 있다.

**"크게 웃는 날보다,
자주 미소 짓는 날들이 삶을 지탱한다."**

일상은 평범해 보이지만, 그 안에 수많은 보물이 숨어 있다.

내가 의식적으로 시선을 돌려야만 보이는 작은 기쁨들. 그 소확행이야말로 불완전한 우리 삶을 버티게 하는 가장 확실한 힘이다.

# 사소한 행복이 만드는
# 회복력

우리는 큰 시련 앞에서 늘 '큰 힘'을 원한다.

모든 걸 단숨에 이겨낼 수 있는 용기, 한 번에 상황을 바꿔줄 기적 같은 사건. 그러나 삶을 다시 일으켜 세우는 힘은 그런 거대한 에너지가 아니라, 매일의 작은 행복에서 비롯된다.

힘들고 무너졌을 때도, 작은 행복은 우리를 끌어올린다.

좋아하는 노래를 듣고 잠시 흥얼거릴 때, 따뜻한 밥 한 끼를 먹고 마음이 풀릴 때, 우연히 하늘의 노을을 보고 미소가 지어질 때. 이런 소소한 기쁨이 모여 마음의 균열을 조금씩 메운다. 그것은 눈에 띄지 않게 차곡차곡 쌓이며, 결국 큰 회복력을 만든다.

> "회복은 거대한 결심이 아니라,
> 사소한 행복의 반복에서 자란다."

한 때 큰 실패로 자신감을 잃고 아무것도 할 수 없던 시절, 매일 저녁 좋아하는 드라마 한 편을 보는 게 유일한 낙이었다. 그 시간이 나를 완전히 바꿔주진 않았지만, 무너져 있던 마음이 조금씩 숨 쉴 틈을 얻었다. 그 작은 기쁨이 쌓이며 다시 새로운 도전을 할 힘이 생겼다.

사소한 행복이 중요한 이유는, 그것이 지속 가능하기 때문이다.
큰 성취는 매일 오는 게 아니지만, 작은 행복은 매일 발견할 수 있다. 그리고 그 작은 행복이 쌓일수록, 마음은 다시 일어설 체력을 얻는다.

> "큰 폭풍에도 쓰러지지 않는 나무는,
> 작은 햇살과 빗방울로 매일 자라온 나무다."

그러니 힘든 날일수록 작은 행복을 찾아보자.
비록 사소해 보여도, 그것이 내 삶을 다시 일으켜 세우는 뿌리가 된다. 작은 행복이 쌓여 결국 커다란 회복력이 된다.

## 내일을 버티게 하는
## 오늘의 작은 빛

힘든 날일수록 내일을 떠올리기가 두렵다.

오늘조차 버거운데, 내일을 어떻게 견딜 수 있을까 하는 막막함이 몰려온다. 하지만 우리가 내일을 버틸 수 있는 힘은 거창한 희망이나 큰 성취가 아니라, 오늘 하루 속에서 발견한 작은 빛이다.

그 빛은 거창하지 않다.

따뜻한 커피 한 잔, 마음을 다해 나눈 대화, 좋아하는 음악을 들으며 잠시 고개를 끄덕인 순간. 작지만 분명히 존재하는 그 빛이 내일을 향한 두려움을 덜어낸다. "오늘 이렇게 작은 기쁨이 있었다면, 내일도 분명 또 다른 빛이 있겠지." 그 믿음이 우리를 이어가게 만든다.

> **"내일을 살게 하는 건
> 오늘의 큰 성공이 아니라, 작은 빛 하나다."**

언젠가 아무 의욕도 나지 않아 하루를 허무하게 흘려보낸 날, 저녁 무렵 창밖에 번진 붉은 노을을 보았다. 그 순간 이상하게 마음이 조금 가벼워졌다. '그래, 내일도 저 노을을 볼 수 있다면 살아볼 만하겠다.' 바로 그 작은 빛이 다음 날을 버티게 하는 힘이 되었다.

내일은 언제나 불확실하다.
그러나 오늘의 작은 빛이 내일을 향한 다리가 된다. 그 빛이 쌓일수록, 우리는 두려움보다 기대를 품고 내일을 맞이할 수 있다.

> **"내일을 살아내는 힘은
> 오늘의 작고 따뜻한 순간에서 나온다."**

그러니 오늘 하루에 빛나는 작은 순간을 놓치지 말자.
그 순간이 모여, 내일을 견디게 하고, 또 다른 미래로 우리를 이끌어 준다. 오늘의 작은 빛이 결국 내일의 희망이 된다.

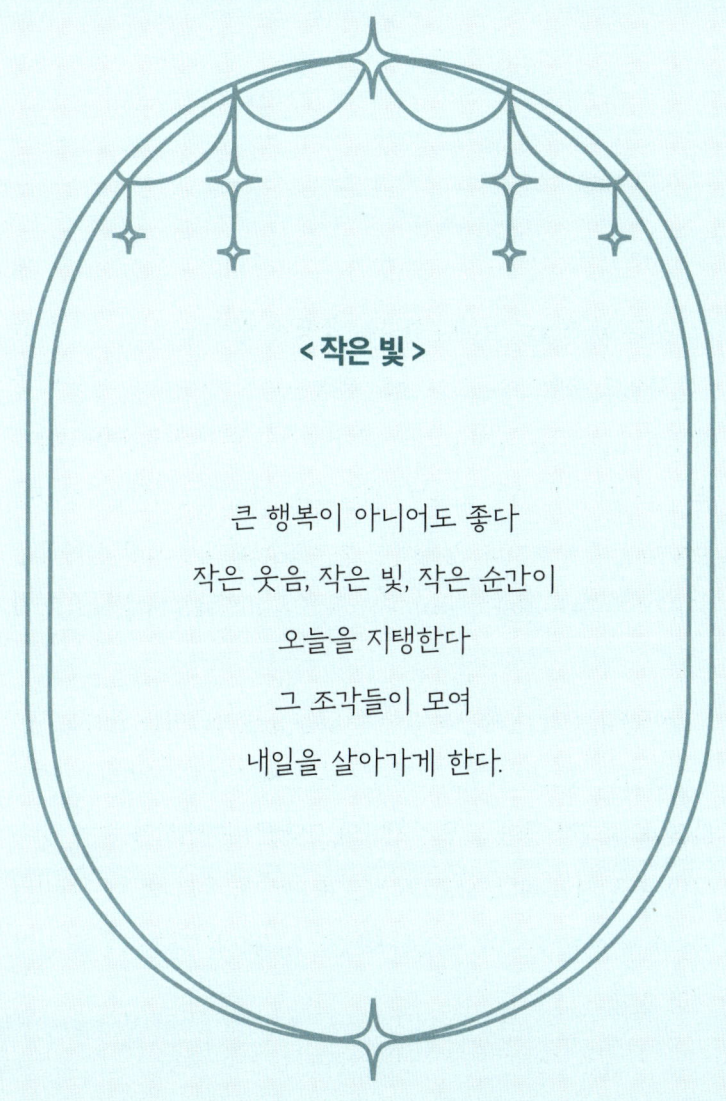

< 작은 빛 >

큰 행복이 아니어도 좋다
작은 웃음, 작은 빛, 작은 순간이
오늘을 지탱한다
그 조각들이 모여
내일을 살아가게 한다.

## 에필로그

## 괜찮지 않아도 우리는 살아간다

우리는 늘 괜찮아 보여야 한다는 압박 속에 산다.

힘들어도 웃어야 하고, 지쳐도 괜찮다고 말해야 하며, 불안해도 아무렇지 않은 듯 버텨야 한다. 하지만 사실 인생에서 괜찮지 않은 순간은 훨씬 더 많다. 외롭고, 흔들리고, 실패하고, 관계에 상처받으며 수없이 무너진다. 그럼에도 불구하고 우리가 계속 살아가는 이유는 단 하나, 괜찮지 않아도 살아갈 수 있기 때문이다.

살아간다는 건 언제나 완벽할 수 없음을 받아들이는 일이다.

누군가는 웃고 있지만, 또 누군가는 눈물로 하루를 버티고 있다. SNS 속 화려한 장면 뒤에는 각자의 고단한 비하인드가 숨어 있다. 나만 힘든 게 아니다. 나만 버거운 게 아니다. 우리 모두는 각자의 자리에서 애써 견디며, 사실은 비슷한 마음으로 하루하루를 살아내고 있다.

"괜찮지 않은 게 잘못이 아니다.

괜찮지 않아도 괜찮다."

나는 이제야 조금 알 것 같다.
삶은 잘 살아내는 경쟁이 아니라, 끝까지 버텨내는 여정이라는 걸. 오늘이 힘들다면, 그냥 힘들다고 말해도 된다. 아무 일도 못 하는 날이 있어도, 그것 때문에 내 삶이 무의미해지지 않는다. 오늘을 버텼다는 사실만으로도 충분히 잘한 거다.

우리가 살아가는 건 결국 누군가의 기준에 맞추기 위해서가 아니다.
내 속도로, 내 방식대로, 나만의 답을 찾아가는 과정 그 자체가 인생이다. 때로는 멈추고, 때로는 넘어져도, 다시 작은 걸음으로 일어나면 된다. 그 모든 순간이 쌓여 결국은 나의 이야기가 된다.

"인생은 괜찮은 척 완벽하게 살아내는 게 아니라,
괜찮지 않은 순간을 안고도 계속 살아내는 것이다."

그러니 이제 우리 스스로에게 이렇게 말해 주자.
괜찮지 않아도 괜찮다고.
나는 지금도 충분히 잘하고 있다고.
오늘을 살아냈으니, 내일도 살아낼 수 있을 거라고.

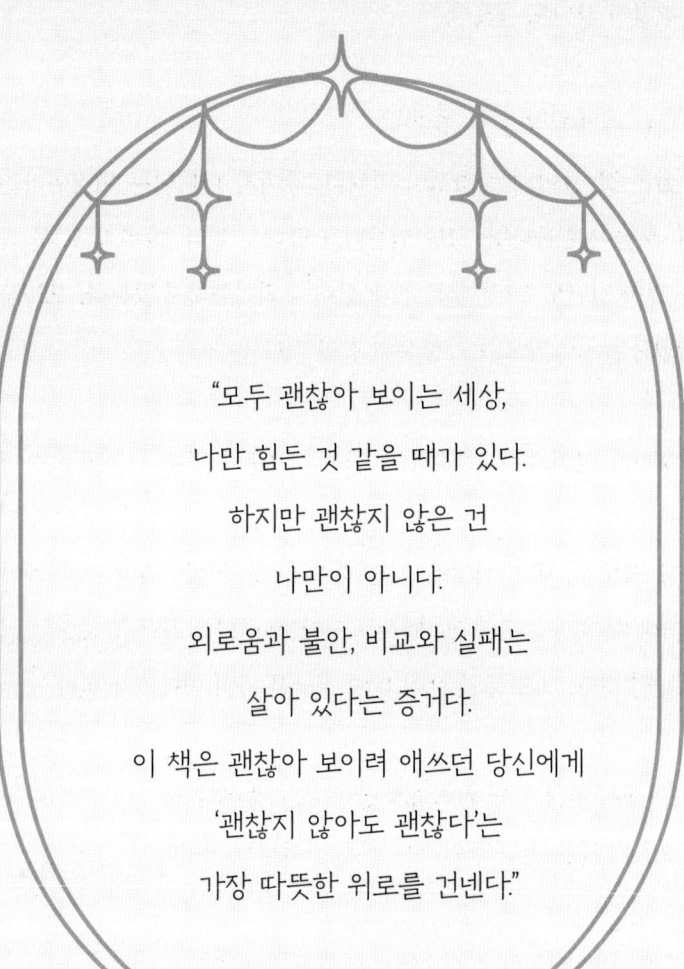

"모두 괜찮아 보이는 세상,
나만 힘든 것 같을 때가 있다.
하지만 괜찮지 않은 건
나만이 아니다.
외로움과 불안, 비교와 실패는
살아 있다는 증거다.
이 책은 괜찮아 보이려 애쓰던 당신에게
'괜찮지 않아도 괜찮다'는
가장 따뜻한 위로를 건넨다."